동일본대지진과 핵재난 — 와세다 리포트 10

JN425617

동일본대지진과 환경오염

환경공학자의 진단

가무라 가즈오(香村一夫)
나고야 도시오(名古屋俊士)
오코치 히로시(大河内博) 지음

김선희 옮김

고려대학교출판부
KOREA UNIVERSITY PRESS

東日本大震災と環境汚染: アースドクターの診断
香村一夫・名古屋俊士・大河内博 著

머리말

환경을 연구하는 사람에게 거대지진 발생에 따른 환경 파괴와 복구는 정면으로 부딪혀야 하는 과제이다. 2011년 3월 11일 동일본을 습격한 대지진 직후 이 책의 저자들이 재직하고 있는 와세다대학 창조이공학부 환경자원공학과의 교원들은 다음과 같은 현상이 발생할 것을 우려했다.

① 쓰나미에 떠밀려 온 침전물이나 쓰레기 철거 작업 과정에서 유해물질을 포함한 분진 비산飛散
② 선박 해체 작업 중 석면 비산
③ 방사성물질 확산에 따른 토양 오염과 지하수 오염
④ 흰개미 구제 목적으로 크롬(Cr), 구리(Cu), 비소(As)를 주입한 폐목재의 영향
⑤ 비소를 포함한 광재鑛滓유출로 인한 지하수 오염
⑥ 쓰나미에 따른 복합오염
⑦ 농지의 염해
⑧ 지반침하와 액상화
⑨ 재해폐기물의 처리

각 전문 분야의 교원으로 구성된 본 학과의 힘을 결집하여 '환경 파괴의 실태 해명'과 '널리 활용 가능한 대책기술 제언'을 목표

로 활동을 시작했다. 지난 1년 동안 각 영역에서 대지진 후의 과제와 마주했다. 이 책은 환경 감시와 복구·보전 분야가 전공인 교원 3인이 현재의 활동과 생각을 정리한 것이다.

제1장은 지진으로 발생한 지권地圈/geosphere 환경 파괴 현상과 복구 착수, 제2장은 석면에 대한 기초지식과 석면이 건강에 미치는 영향, 대지진 시 석면의 비산 상황, 제3장은 방사능과 방사선의 기초지식 및 방출된 방사성물질의 실태와 제염 사례로 구성된다.

연구는 아직 진행 중이다. 예측하지도 못한 복합적인 현상도 발생했고 이제까지의 생각을 바꿔야 하는 영역도 존재한다. 또 규모의 양적인 측면은 다르지만 질적인 면에서는 지금까지 연구해 온 내용의 연장선으로 여겨지는 영역도 있다. 무엇보다도 이 지진으로 발생한 환경 파괴 현상을 냉철한 시각으로 관찰·기록·대응하고 후세에 교훈으로 삼아야 할 것이다. 왜냐하면 자연을 이용하면서 인간사회의 발달을 생각하는 시점은 인류 역사의 원점이라고 할 수 있기 때문이다. 더욱이 '인류가 자연과 어떻게 마주 대할 것인가?'에 대하여 항상 의식하고 행동하는 것은 지속 가능한 사회 형성에 필수이다.

이런 자세가 희생자와 이재민들께 보답하는 길이라고 생각한다.

이 책을 간행하는 데 와세다대학 출판부 여러분께 큰 신세를 졌다. 감사의 뜻을 표한다.

2012년 5월

가무라 가즈오香村一夫

차례

제 1 장

거대지진에 따른 지권地圈 환경 파괴와 복구 지원 착수

황폐한 곡창지대

가무라 가즈오香村一夫

1. 지진으로 발생한 다양한 환경 파괴 현상

1) 쓰나미로 유실된 흔적

2011년 3월 11일에 발생한 '도호쿠지방 태평양충지진東北地方太平洋沖地震'[1]은 메이지明治 시대 이후 일본에서 관측된 최대 규모의 지진이다. 동일본 각지에 커다란 피해를 가져와 '동일본대지진'으로 부른다· 이 거대지진으로 도호쿠 지방과 태평양 연안 지방의 지표 부근에는 갖가지 환경 파괴 현상이 발생했다. 이전과 비교해 규모 외

1 옮긴이—지진 발생 직후 일본기상청은 '2011년 도호쿠지방 태평양충지진'이라고 명명했다. 한동안 '동일본대진재', '도호쿠간토대진재東北関東大震災' 등 명칭이 통일되지 않고 사용되다가 일본 정부가 2011년 4월 1일 비정례 각의에서 '동일본 대진재'로 결정했다. 한국에서는 '동일본대지진'으로 번역하여 사용하고 있다.

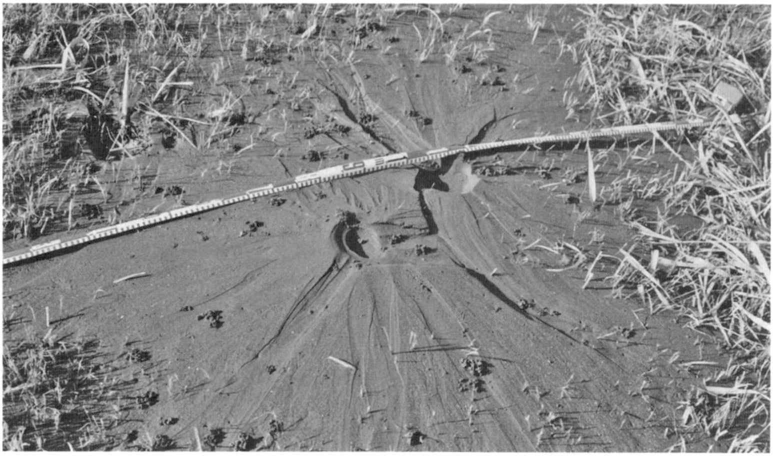

사진 1. 지바 시千葉市 마쿠하리幕張 매립지에서 발생한 분사구(지바 현 동쪽 해상 지진).

에 본질적인 차이는 없지만, 이런 환경 파괴 현상이 대규모 쓰나미에 유실된 점이 특징이다. 바꿔 말하면 지진으로 지표 부근에서 발생한 지층의 액상화와 토양오염 같은 환경 파괴 현상이 쓰나미로 교란되어 그 흔적을 찾는 데 어려움을 겪고 있다.

예를 들면, 지층이 액상화한 경우 지표에는 분사구噴砂丘(사진 1)가 형성되는 일이 많다.[2] 이 현상은 액상화 발생 지역에서 일반적으로 나타나는데 지하의 액상화 범위나 상태를 추측하는 데 매우 좋은 지표가 된다. 그러나 이번 지진에서는 대부분의 분사구가 쓰나미에 휩쓸려 유실되었다. 한편 액상화에 수반되는 지반침하가 발생하기 때문에 그 정도를 조사함으로써 간접적으로 지하에서 일어난

2 옮긴이—지진 발생 시 액상화 현상은 지진동으로 주로 인공지층(매립층)의 연약한 모래층과 실트층silt layer에서 지하수 수압이 높아져 일어난다. 액상화가 일어나면 지하수가 지표로 흘러나오면서 모래도 같이 분출하여(유동화), 지표에 퇴적되어 분사구가 형성된다.

사진 2. 가마이시釜石 어항漁港의 액상화·유동화(가마이시 시, 2011년 5월 14일 촬영). 절벽(사진 왼쪽 뒤 자동차가 늘어섬)과 해수면이 거의 같은 높이가 되었다. 내륙 쪽은 물이 차 있다. 지하 지층이 액상화·유동화를 일으켜 지표면이 침하한 것으로 추정됨.

지층의 액상화와 유동화를 추정할 수 있다(사진 2).

지진 시 발생하는 토양오염에 관해서도 기존의 오염 조사와 다른 접근이 필요하다. 오염원은 주유소, 유해물질 취급 공장의 생산 라인과 폐액 집적 탱크, 가옥의 정화조 외에도, 이번 지진에서는 쓰나미에 휩쓸려 파손된 선박과 자동차의 연료 탱크, 어시장의 생선 쓰레기 집적장이 더해졌다. 게다가 이 오염원들이 쓰나미로 교란된 탓에 오염의 확산 메커니즘이 복잡해져 각종 물질의 '복합오염' 실태가 수면 위로 떠오르고 있다.

더욱이 쓰나미에 휩쓸린 경작지의 염해와 후쿠시마 제1원전 파괴로 발생한 광범위한 방사능 오염, 다량의 지진 폐기물 발생 및 임시 폐기물 집하장에서 나오는 환경오염 등, 이번 지진에 의한 환경 파괴 현상은 여러 갈래에 걸쳐 있다.

2) 연구자의 사명

앞으로 쓰레기와 쓰나미 퇴적물 철거의 진행과 피재지 부흥 계획 정비에 따라서 재해에 수반된 다양한 현상이 출현함과 동시에 그에 대한 대책이 필요해질 것이다. 이런 사태에 직면하여 그 메커니즘을 해명하고 효과적인 대책을 제언하는 것이 이 분야 연구자의 사명일 것이다.

필자의 연구실에서는 지진 후 아오모리青森에서 미야기宮城에 이르는 쓰나미 피재지를 조사하고, 피재지의 복구와 부흥에 공헌할 수 있는 일을 고민해 왔다. 이 과정을 거쳐 지금은 '쓰나미로 인한 염해경작지 정화를 위한 지산지소형地山地消型 정화자재 개발'에 착수하였다.

여기서는 거대지진으로 지표 부근에 발생한 환경 파괴 현상(이 책에서는 '지권地圈/geosphere 환경 파괴'로 부른다)에 초점을 맞추어 이번 재해를 되돌아보고 동시에 복구와 부흥을 위해 진행 중인 작업에 대해 설명하겠다.

2. 지진과 환경 파괴

1) 이번 지진의 개요

필자는 과거 일본에서 발생한 지진 가운데 1987년 지바 현千葉県 동쪽 해역에서 발생한 지진(Mj 6.7), 1993년 홋카이도北海道 동부 구시로釧路 해역에서 발생한 지진(Mj 7.5) 및 남서부 해역에서 발생한 지진(Mj 7.8), 1995년 효고 현兵庫県 남부 지진(Mj 7.3), 2007년 노토能登 반도 지진(Mj 6.9)에 대해 지권 환경 파괴에 초점을 맞춰 조사를 실시했다. 그리고 이번 동일본대지진을 맞닥뜨려 과거 조사 때와 비슷한 관점에서 이번 지진으로 인한 환경 파괴 조사와 복구에 관여하고 있다.

이번 지진의 규모에 대해 기상청은 지진 후 Mj 7.9라는 속보를 내었다. 그 후 Mj 8.4에서 Mw 8.8로, 3월 11일에 두 번의 수정을 더하였고, 지진 발생 후 이틀이 지난 3월 13일에는 Mw 9.0으로 수정했다. 이번 지진의 진원 지역의 파괴 진행 과정이 통상보다 복잡한 형태로 진행되었기 때문이라고 한다.[3] 덧붙여 Mj는 기상청 매그니튜드이고 Mw는 모멘트moment 매그니튜드[4]를 가리킨다.

이를 보면 우선 이번 지진의 규모가 매우 컸다는 것을 알 수 있다. 1900년 이래 세계에서도 Mw 9를 넘는 지진은 이번 지진을 포함하여 단 5회였다. 매그니튜드 1이 증가하면 지진이 갖는 에너지는 32배나 커진다. 이 수치에서도 이번 지진의 거대함을 바로 알 수 있다.

과거 지진 피해 현지 조사를 위해 피재지를 다녔을 당시에는 '삶

---

3 기상청, 〈2011년 도호쿠지방 태평양충지진에 대하여 제15보〉, 2011년.

4 옮긴이—매그니튜드는 지진 규모를 나타내는 지표인데, 관측된 지진 기록(최대 진폭과 지진 파형 전체)을 이용하여 계산한다. 국제적으로 통일된 규격은 없다. 그 가운데 가장 표준적이라고 여겨지는 것이 모멘트 진도인데, 단층면적과 단층변위량적에 비례하는 양으로, 물리적 의미가 명확하다는 것이 강점이다. 다만 지진파 전체를 이용한 복잡한 계산이 필요하기 때문에 지진 발생 직후 지진 규모 추정에는 사용할 수 없다는 점, 소규모 지진에는 적용할 수 없다는 점과 데이터 축적이 최근 20년간에 한정된다는 결점이 있다.

의 파괴'라는 인상을 받았는데 이번에는 '삶의 소실'이라는 느낌이 강했다.

이는 쓰나미의 피해가 컸기 때문이다. 홋카이도 남서해역 지진으로 인한 오쿠시리토奧尻島의 쓰나미 피해를 제외하면, 위에서 언급한 지진 피해 조사에서 지진동으로 파괴된 대부분은 그 장소에 남아 있었다. 화재로 소실된 경우도 있긴 했지만…. 그러나 이번 지진에서 쓰나미 피해 구역은 '파괴 그리고 교란·유실'이란 표현이 어울린다.

그러면 쓰나미는 어떻게 발생하는가. 가장 일반적인 예는 진원이 해저에 있는 대지진의 경우이다. 지진동을 일으킨 지하심부 단층이 상하로 방향이 어긋나 해저까지 이르게 되면 해저면이 어긋나게 되고, 그 영향이 해수까지 미치게 되어 해저면의 변동이 해면으로 전파된다. 그러면 물결이 크게 너울거려 '쓰나미'가 된다. 따라서 거대 쓰나미를 일으키는 지진의 진원 깊이는 상대적으로 얕은 경우가 많다. 이번 지진의 진원은 오시카牡鹿 반도 동남동 약 130킬로미터, 깊이 24킬로미터에 존재한다.[5] 이른바 '해구형지진'이라 일컫는 지진이다. 그리고 이와테 현岩手県에서 이바라키 현茨城県에 걸친 태평양 연안 일대와 홋카이도의 태평양 연안 일부에 3미터가 넘는 대규모 쓰나미를 일으켰다. 특히 후쿠시마 현 소마 시相馬市, 이와테 현 미야코 시宮古市와 오후나토 시大船渡 에서는 8미터가 넘는 거대한 쓰나미가 관측되었다.[6]

---

5 기상청, 〈2011년 도호쿠지방 태평양충지진에 대하여 제14보〉. 2011년.

6 기상청, 〈기상청의 도호쿠지방 태평양충지진 대응에 대하여(보고)〉, 2011년.

2) 내륙직하형 지진이었던 효고 현 남부 지진

이번 지진 피해를 개관하기 전에 진원이 내륙부 지하에 있었던 효고 현兵庫県 남부 지진 피해를 살펴보자. 이 지진은 근대도시 고베神戸를 습격하여 진도 7을 기록, 다양한 피해가 발생했으며 '한신阪神 · 아와지淡路 대지진'이라고도 부른다. 진원은 아와지시마淡路島 북부 깊이 약 16킬로미터 지점이다. 아와지시마에서 이타미 시伊丹市까지 남부에서 북동부에 걸쳐 있는 롯코六甲-아와지 단층지대 남부가 움직여 커다란 진동을 일으킨 것으로 추정된다.[7] 그리고 아와지시마 북부에서는 단층이 어긋나 지표까지 도달하는 바람에 지표에 노지마野島 단층이 나타났다.

지진 피해는 동서 약 25킬로미터, 남북 약 3킬로미터로 고베 평야에서 오사카大阪 평야에 걸친 지역에 집중되었고 도호쿠에서 간토에 걸친 태평양 해역 500킬로미터 이상에 미친 이번 피해는, 규모부터 커다란 차이가 있다. 그 차이는 지진의 규모와 쓰나미 발생 여부에 관련되는데, 효고 현 남부 지진에서는 진원이 내륙 지하에 있었기 때문에 쓰나미는 발생하지 않았다.

지권 환경 피해는 이 지역의 토대가 되는 지하의 지질에 크게 영향을 받았다. 특히 고베 시를 중심으로 심대한 피해를 입은 지역은 전면에 오사카 만이 있고 뒤로는 화강암으로 된 롯코 산 줄기가 있다. 또 단구퇴적층부터 충적층으로 지질적으로 가까운 시대의 지

7 Ide, S., M. Takeo, Y. Yoshida, "Source process of the 1995 Kobe earthquake: determination of spatio-temporal slip distribution by Bayesian modeling", *Bulletin of Seismological Society of America*, 86, 1996, pp.547-566.

사진 3. 고베 시 메리켄 파크에서 발생한 액상화·유동화 피해(고베 현 남부 지진). 잔디밭에 땅이 갈라져 분사(우측 위)도 보인다.

층으로 구성되어 있다. 더욱이 해안 지역은 매립지, 앞바다에는 인공섬이 있다. 지반의 액상화·유동화와 침하(사진 3), 산사태와 사면붕괴斜面崩壞, 주택 파괴(사진 4)와 화재, 팬케이크처럼 붕괴된 빌딩(사진 5), 도로와 철도의 고가교 부분의 붕괴와 낙하 등 여러 피해가 발생했다.

또 고베시 스마구須磨區에서 니시노미야 시西宮市에 걸쳐 폭 1킬로미터, 길이 20킬로미터에 이르는 피해 집중 지역이 생겨서 '지진재해 지대'로 불렸다(그림 1). 이 지대는 여진의 진앙을 이은 열에서 남쪽으로 떨어져 분포하고 있는데, 지하 구조와 지진파의 상호작용 때문인 것 같다.[8]

또 고베 평야의 북반부는 롯코 산지의 화강암이 풍화한 모래와 자갈의 퇴적물이 선상지扇狀地를 형성하고 있다. 이 선상지 지하를

8 入倉孝次郎·岩田知孝·釜江克宏, 〈兵庫県南部地震の断層モデルと震度7地域の強震動の推定〉, 平成7年度文部省科学研究費研究成果報告書(No.07300005), 1996年, 2.1-2.20.

사진 4. 주택의 파괴(고베 시 남부 지진). 점포와 차고로 사용하던 1층의 붕괴가 눈에 띈다.

사진 5. 빌딩 중간층이 팬케이크처럼 붕괴(고베 현 남부 지진). 고베시 시청 구청사(앞쪽) 6층이 붕괴. 뒤에 보이는 초고층 빌딩인 신청사는 피해가 없었다.

그림 1. 효고 현 남부 지진의 진도 7 지역과 여진의 진앙 및 활단층 분포

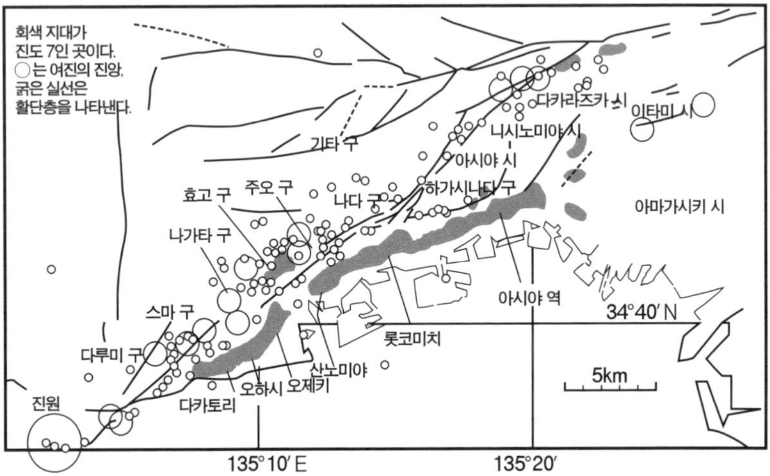

출처: 吉川澄夫·伊藤秀美, 〈1995年兵庫県南部地震の概要〉, 《月刊地球》, 号外13, 1995年, pp.547-566.

흐르는 지하수는 양과 질 모두 양호하여 청주를 만드는 데 쓰인다. 세간에서 '나다의 키잇폰灘の生一本'[9]으로 불리는 청주가 바로 여기서 만들어진 것이다. 지진 발생으로 이 지하수가 오염될 위험에 처했다. 고베 지역은 인구 집중 지역으로 크고 작은 세탁소가 산재해 있다. 지진으로 이 세탁소들이 무너져 세제로 이용하던 테트라클로로에틸렌tetrachloroethylene[10]이 유출되어 지하로 침투했다. 지진 후 이런 오염에 대한 상세한 조사가 이루어져 그 시점에서 오염 상

9 옮긴이—나다 지역에서 만들어진 상품의 청주를 가리키는 말. 나다는 고베시 나다 구灘區에서 니시노미야 시에 걸친 해안지대를 뜻하는데 1840년부터 청주 제조 지역으로 유명하다.

10 옮긴이—염소를 포함한 유기화학물로 상온에서 휘발성이 높은 무색투명한 액체이다. 인화성이 낮고 쉽게 기름을 녹이므로 드라이클리닝에 세제 이외에도 정밀기기와 부품가공 단계에서 사용된다.

사진 6. 재해 폐기물 임시 하치장의 분류 작업(고베시 남부 지진)

태가 자세하게 파악되었다.[11]

이 지진으로 인한 파괴 구조물, 분사구, 오염원이 원래 위치에 남아 있었고 조사 및 대책을 마련하는 데 좋은 지표가 되었다.

또한 도시 지역을 습격한 대규모 지진이었기 때문에 그 후 발생한 폐기물 처리도 큰 문제가 되었는데, 목재와 콘크리트를 포함한 폐기물량은 약 1,850만 톤에 달했다.[12] 때문에 폐기물을 일시적으로 모아놓고 분쇄, 분류, 소각의 중간 처리를 위한 임시 장소가 주로 해안지구에 설치되었다(사진 6). 그 가운데 무너진 가옥 등의 해체 폐기물은 목재에 한해서 바로 소각하기도 했다.

11 日本地質学会環境地質研究委員会兵庫県南部地震地質汚染調査団, 〈兵庫県南部地震地質汚染調査団報告〉, 第5回環境地質学シンポジウム講演論文集, 1995年, pp.337-365.

12 阿多修·英保次郎, 〈阪神大震災の被害状況と処理計画〉, 《都市掃除》, 207, 1995年, pp.333-337.

3) 해구형 지진이었던 동일본대지진

이번 지진 피해의 특징은 피해가 광범위하다는 데 있다(그림 2). Mw 9.0이라는 지진의 규모와 이어서 발생한 쓰나미가 주된 원인이다. 또 원전 파괴에 따른 광범위한 방사선 오염도 특징으로 거론된다.

미야기 현 구리하라 시栗原市에서는 진도 7, 이와테 현, 미야기 현, 후쿠시마 현, 이바라키 현, 도치기 현栃木県에서는 진도 6강을 기록했다. 또 진도 6약을 기록한 지역이 속한 현으로는 군마 현群馬県, 사이타마 현埼玉県, 지바 현千葉県의 세 곳이 더해진다.[13]

또 쓰나미는 홋카이도, 도호쿠 지방 및 간토 지방의 태평양 연안 지역 일대에 커다란 피해를 가져왔다. 집필진이 조사한 아오모리 현 하치노헤 시八戸市에서 미야기 현 센다이 시仙台市에 이르는, 태평양 연안 시정촌市町村에서는 가옥과 빌딩의 붕괴 원인이 지진동과 쓰나미 중에 무엇 때문인지 판별할 수 없는 경우가 많았다. 또 산리쿠 연안 지역에서는 액상화 현상도 발생했을 텐데 분사구 등이 쓰나미로 교란되거나 씻겨 가 버려 남아 있지 않았다. 그러나 해안 지역에서는 넓은 범위에서 지반침하가 발생해서 지하의 지층이 액상화했음을 추정할 수 있었다. 한편 쓰나미에 휩쓸린 지역의 토양오염 조사는 오염원이 바닷물에 쓸려 내려가 매우 곤란해졌다. 게다가 바닷물에 희석되거나 확산되어 오염 농도는 현저하게 감소한 것으로 추정되었다. 오염물질로는 세탁소에서 나온 테트라클로

13 기상청, 〈2011년 도호쿠지방 태평양충지진으로 각지에서 관측된 진도에 대하여〉, 2011년.

그림 2. 동일본대지진의 피해

재해민 수(14일 현재, 경찰청)

	사망	행방불명	피난
전국 합계	15,037	9,487	116,591
주요 지역			
홋카이도	1		1,158
아오모리	3	1	964
이와테	4,427	3,029	36,494
미야기	8,984	5,883	32,573
아키타			641
야마가타	2		410
후쿠시마	1,562	571	24,239
이바라키	23	1	321
도치기	4		510
군마	1		2,559
사이타마			6,096
지바	19	2	1,169
도쿄	7		984
가나가와	4		1,463
니가타			4,281

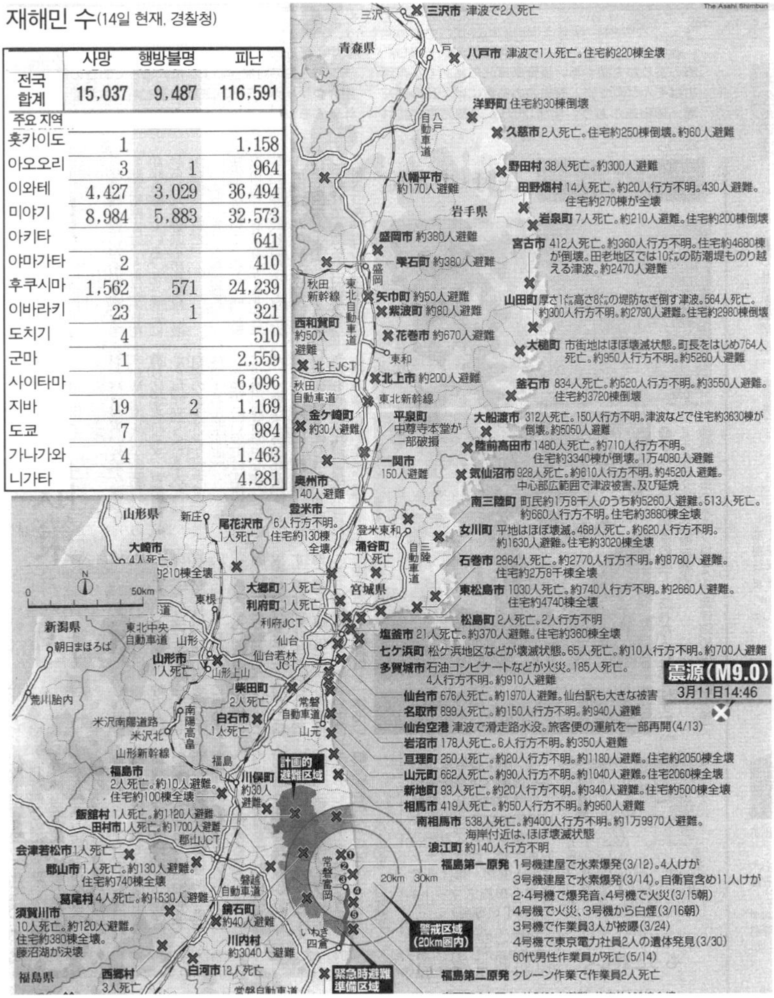

출처: 2011년 5월 15일자 《아사히신문》 일부 발췌

로에틸렌, 주유소와 자동차, 선박에서 나온 기름, 민가의 정화조에서 나온 세균이 대부분인데, 이 역시 쓰나미 때문에 혼합 상태가 된 것으로 추측할 수 있다. 또 쓰나미가 휩쓴 농지는 염류에 의한 오염도 심각하다. 이렇게 쓰나미 피재지의 환경 파괴는 그 지표가 되는 현상이 떠내려가 남아 있지 않은 경우가 많아 답사하면서 상세하게 파악하기 어려운 상태였다.

또 진원에서 멀리 떨어진 간토 지방에서도 액상화 피해가 발생하였는데, 이는 지진 규모가 컸다는 점, 액상화 발생 지역의 지하지질 때문으로 생각한다.

이 밖에 지진동과 쓰나미에 의한 지권 환경 파괴로 발생한 대량의 폐기물 처리도 커다란 과제이다. 이 폐기물을 어떻게 분류하고 처리할지가 지진으로 인한 환경 파괴 복구의 일익을 형성하고 있다고 해도 과언이 아니다. 특히 이번 지진에서는 ①바닷물이 스며든 폐기물의 소각 처리에 수반되는 염화수소와 다이옥신류 제어 문제, ②쓰나미 퇴적물의 처리와 활용, ③방사능 오염 폐기물에 대한 대응 등, 한신·아와지 대지진 당시에는 고려할 필요가 없었던 문제가 포함되어 있다.

3. 동일본대지진에 따른 지권 환경 파괴

이번 지진에서는 도호쿠 지방의 태평양 연안부가 심대한 피해를 입었을 뿐 아니라 진원에서 멀리 떨어진 간토 지역도 쓰나미와 액상화에 의한 피해가 컸다. 아래에서는 지역별 피해의 특징을 서술하겠다.

1) 진원지에서 가까운 산리쿠 해안 지역의 환경 파괴

(1) 피해 규모

산리쿠三陸 지역은 리아스식 해안이 발달하여 쓰나미 피해가 커지기 쉽다. 하치노헤 시에서 이시마키 시에 걸쳐 해안에 접한 평지 쪽은 모두 쓰나미 피해를 크게 입었다(사진 7). 쓰나미가 강을 따라 하구에서 5킬로미터 이상 상류까지 거슬러 올라가는 바람에 하천 유역의 집과 건물이 무너진 예도 있다(사진 8). 한편 표고標高에 따라 쓰나미 침투가 규제된 결과 겨우 몇 미터 차이로 피해를 입지 않은 예도 있다(사진 9). 그야말로 '천국과 지옥'을 동시에 본 느낌이다.

항만 부근에서는 만조 때에 바닷물이 내륙으로 밀려든 경우가 많은데 지하 지층이 액상화·유동화하여 지반침하를 일으킨 것으로 추측된다. 파괴되거나 유실된 가옥이 즐비한 거리에는 쓰나미가 가져온 진흙과 모래로 된 퇴적물인 여기저기 남아 있었다(사진 10). 화장실 냄새 같은 악취가 나기도 했다. 바람이 불어 퇴적물 가루가 흩날려 당시 복구 활동 중인 사람들이 세균에 감염되지 않을지 염려스러웠다(사진 11).

지진과 쓰나미로 파괴된 가옥과 건물의 폐기물은 마을의 임시 하치장에 거의 분류되지 않은 채 쌓여 있었는데 해안 가까이 설치된 대규모 하치장에는 분류되어 있었다.

사진 7. 쓰나미 피재지 풍경(리쿠젠타카타 시, 2011년 5월 15일 촬영). 쓰나미로 가옥이 유실되어 바닥만 남았다. 지표면에는 쓰나미 퇴적물이 두텁게 쌓여 있다.

사진 8. 쓰나미에 휩쓸려 철교가 붕괴했다(리쿠젠타카타 시, 2011년 5월 15일 촬영). 게센가와氣仙川를 역상한 쓰나미로 하구에서 약 4킬로미터 상류에 있는 '드래곤 레일 오후나선'의 철교가 붕괴, 일부 유실.

사진 9. 약간의 표고 차이에 따른 쓰나미 피해의 차이(오후나토 시, 2011년 5월 15일 촬영). 사진 왼쪽 제방으로 쓰나미가 멈춰서 제방 위에 있던 가옥은 피해를 입지 않았다.

사진 10. 거리에 남아 있는 쓰나미 퇴적물인 진흙과 모래 채취(가마이시 시, 2011년 5월 14일 촬영).

사진 11. 바람에 날리는 모래(리쿠젠타카타 시, 2011년 5월 15일 촬영). 지표에는 쓰나미에 떠내려온 모래가 쌓여 바람에 날리고 있다. 복구 작업 종사자의 건강에 영향이 없을지 걱정되었다.

(2) 피재지의 쓰나미 퇴적물의 특징

쓰나미 피재지의 토양오염은 오염원이 쓰나미에 휩쓸려 한신·아와지대 지진 때처럼 고농도 지점hot spot은 존재하지 않는다. 이렇게 장소에 따라 오염 정도를 파악하기 위한 방법으로 피재지의 곳곳에 남아 있는 쓰나미 퇴적물을 채취, 분석하여 오염 징후를 파악하려고 했다.

시료 채취 시기는 가마이시, 오후나, 리쿠젠타카타陸前高田가 2011년 5월 13-14일, 미야코, 야마다, 오쓰치大槌는 5월 27-28일이다. 지진 발생 후 2개월 이상 지났지만 복구 활동은 여전히 초기 단계였다. 각 지역의 시료 채취 지점地点이 치우치지 않도록 주의하면서 가마이시에서 7시료, 오후나토에서 3시료, 리쿠젠타카타에서 9시료, 미야코에서 4시료, 야마다와 오쓰치에서 각각 2시료를 채취

했다.

시료 대부분은 미립자 침전물이다. 한편 리쿠젠타카타에서 채취한 시료 대부분은 비교적 모래 같았고 광택 나는 광물입자를 포함한 것이 많았다. 또 작은 자갈, 조개파편, 식물이나 플라스틱 조각이 포함된 시료도 있었다. 게다가 몇몇 시료에서는 기름 냄새와 악취가 났다.

이들 시료 중에 가연성물질 함유량을 조사하기 위해 각 시료를 750℃로 10시간 정도 연소하여 강열감량분強熱減量分을 조사했다. 감량분이 10%를 넘은 시료는 가마이시에서 4개, 오후나토에서 2개였고, 다른 지역 시료는 모두 10% 이하였다. 특히 리쿠젠타카타의 시료는 2-5%로 다른 지역보다 낮았다.

퇴적물의 입도 조성粒度組成을 보기 위해 체를 이용한 입도 시험을 실시했다. 가마이시와 리쿠젠타카타 지역의 시료의 입경가적곡선粒径加積曲線을 〈그림 3〉으로 나타냈다. 이 그림에서는 2밀리리터 이상 입경인 물질의 무게가 전체의 2% 이상인 시료는 제외했다. 이 그림을 보면 가마이시의 쓰나미 퇴적물이 리쿠젠타카타의 시료보다 작다는 것이 명료하다. 가마이시는 리아스식 해안의 안쪽이며, 리쿠젠타카타는 만의 안쪽이긴 하지만 연안에는 사주砂州가 발달해 있다. 이런 지세가 쓰나미 퇴적물에도 영향을 미친 것이다.

다음으로 형광X선 장치를 이용하여 퇴적물에 포함된 주요 원소 함유율을 조사했다. 측정은 FP법을 이용하여 각 원소의 분석치를 산화물 형태로 얻어 냈다. 지역별로 각 원소 함유율을 〈표 1〉에 나타냈다.

그림 3. 쓰나미 퇴적물의 입도 분포

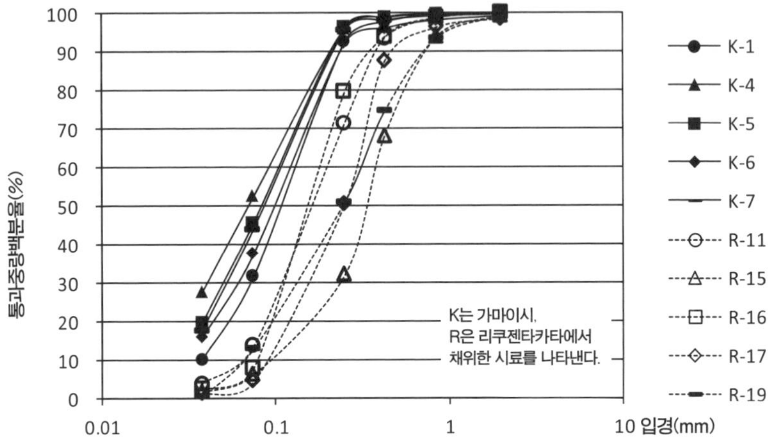

표 1. 쓰나미 퇴적물 중의 주요 원소(산화물) 함유율(단위는 %)

	SiO_2	Al_2O_3	Fe_2O_3	CuO
가마이시	49-57	13-14	7.5-10	$(19-39)\times10^{-3}$
리쿠젠타카타	62-71	13-16	4.5-6.1	$(2.4-4.5)\times10^{-3}$
미야코	63-66	13-15	4.3-4.9	$(3.7-21)\times10^{-3}$
야마다	58-65	16-18	3.2-3.8	$(8.3-28)\times10^{-3}$
오쓰치	63-65	15	4.8-4.9	$(5.2-5.3)\times10^{-3}$
오후나토	49-67	12-16	4.4-5.2	$(6.2-7.8)\times10^{-3}$
	FbO	ZnO	Cr_2O_3	As_2O_3
가마이시	$(0.74-1.3)\times10^{-2}$	$(3.1-5.2)\times10^{-2}$	$(1.2-1.6)\times10^{-2}$	$(2.1-4.2)\times10^{-3}$
리쿠젠타카타	$(0.15-0.25)\times10^{-2}$	$(0.83-3.4)\times10^{-2}$	$(0.25-0.94)\times10^{-2}$	$(1.2-1.8)\times10^{-3}$
미야코	$(0.18-0.85)\times10^{-2}$	$(1.1-8.0)\times10^{-2}$	$(0.60-1.4)\times10^{-2}$	$(0.8-1.3)\times10^{-3}$
야마다	$(0.23-1.1)\times10^{-2}$	$(1.9-24)\times10^{-2}$	$(0.30-1.2)\times10^{-2}$	$(0.3-0.4)\times10^{-3}$
오쓰치	$(0.20-0.25)\times10^{-2}$	$(1.4-1.5)\times10^{-2}$	$(0.90-0.95)\times10^{-2}$	$(1.5-1.7)\times10^{-3}$
오후나토	$(0.31-0.44)\times10^{-2}$	$(1.3-2.5)\times10^{-2}$	$(0.25-0.34)\times10^{-2}$	$(1.2-1.7)\times10^{-3}$

표에 따르면 가마이시 시료의 중금속 함유율이 높다는 특징을 보인다. 한편 리쿠젠타카타 시료는 다른 지역의 시료보다 SiO_2의 함유율이 높고 중금속류 함유율이 낮은 것이 많다. 또 미야코, 야마다에서 채취한 시료 중에는 중금속류 함유율이 비교적 높은 시료도 있었다.

다만 이상의 결과는 지진 발생 2개월 이상 경과한 뒤에 채취한 쓰나미 퇴적물의 결과이며, 강수나 바람과 같은 자연요인과 복구 활동에 따른 인위적 요인의 영향이 다소나마 포함된 점을 고려해야 한다. 게다가 테트라클로로에틸렌 같은 휘발성 유해물질에 대해서는 시료 채취 시기나 주위 환경을 고려하여 분석을 하지 않았다.

이상의 사실로부터 쓰나미 퇴적물의 성질은 피재지 주변 해안선의 지세와 토지 이용의 영향을 크게 받은 점, 쓰나미에 침수된 탓에 토양오염의 원인이 되는 물질은 확산되어 저농도를 나타낸 점 등이 분명해졌다.

(3) 지진 폐기물에 대한 대응

지진 폐기물은 이와테, 미야기, 후쿠시마 3현에서 약 2,500만 톤에 달할 것으로 예측된다.[14] 산리쿠 지역과 센다이 평야에는 해안부에 거대 폐기물 집하장이 존재한다. 마을에 마련된 임시하치장에는 폐기물이 잡다하게 쌓여 있는데(사진 12), 해안부의 거대 폐기물 집하장에서는 폐기물의 분류 작업이 진행되고 있다(사진 13). 깨진 기와와 자갈, 파손 가옥의 목재 외에 자동차, 가전 제품이 눈에 띄

14 金子和裕, 〈東日本大震災における災害廃棄物の概況と課題〉, 《立法と調査》, 316, 2011年, pp.65-76.

사진 12. 분류되지 않은 쓰레기 임시하치장(리쿠젠타카타시, 2011년 5월 15일 촬영).

사진 13. 분류 작업 중인 쓰레기 집하장(미야코 시, 2011년 5월 27일 촬영).

게 많았다. 이런 폐기물의 분류와 처리에 대해 현재 환경성環境省에서 많은 지침이 나왔다. 또 쓰나미에 밀려온 선박과 해저 침전물, 기름이 섞인 진흙의 처리 역시 숙제이다. 나아가 방사능오염 폐기물에 대한 대응은 이후 수십 년 단위로 고심해야 하는 문제이며, 대응과 처리에 대해 여전히 명쾌한 해답은 나오지 않았다.

2) 진원지에서 먼 간토 지방 연해부의 환경 파괴—액상화 피해

(1) 액상화 피해의 실태

이번 지진으로 진원에서 약 400킬로미터 떨어진 간토關東 지방 각지에서 액상화가 발생했다. 그 가운데서도 도쿄만 연안의 매립지(사진 14), 도네가와利根川의 유로流路 보수로 남게 된 미카즈키三日月 호수를 매립한 지역에서 큰 피해가 발생했다. 그 외 보소房総 반도 99리[15] 지역의 사철砂鐵[16] 채취 후 되메운 지역에서도 발생하였다.[17] 더욱이 도네가와 같은 큰 하천 주변 저지대에 조성된 주택 지구에서 액상화가 나타나 가옥 손괴와 침하 같은 피해가 생겼다. 이런 피해는 대부분이 인위적으로 토지 변경된 지역과 지하수위가 높은 무른 지층에서 발생했음이 관측되었다. 이렇게 진원에서 멀리 떨어진 지역에서 액상화가 발생한 원인으로는 진도 5강 정도로 비

15 옮긴이—지바 현 보소 반도 동쪽 태평양을 바라보는 전장 66킬로미터의 해안을 가리킨다

16 옮긴이—사광상砂鑛床의 일종으로 수성암水成岩의 풍화, 침식으로 분리된 자철광磁鐵鑛 입자가 유수의 작용으로 운반되어 하상河床이나 해변에 퇴적한 것이다. 기계공학사전편집위원회, 《기계공학용어사전》, 1995.

17 千葉県環境研究センター, 〈東北地方太平洋沖地震による東京湾岸埋立地での液状化-流動化被害〉, 第4報, 2011年.

사진 14. 지바 시 마쿠하리 신도심의 공원에 발생한 분사구(2011년 3월 히구치 시게오樋口茂生 씨 촬영).

교적 강한 진동이 장시간 이어진 점과 큰 여진이 다발한 점을 생각할 수 있다.[18]

가옥 손괴와 침하, 말뚝 같은 건축자재가 삐져나오거나, 블록 담장의 침하와 붕괴, 전신주의 침하와 경동傾動, 인도의 손괴와 맨홀이 튀어나오는 등의 피해가 발생했다. 이는 지반 지지력이 소실된 현상이다. 또 액상화에 따른 라이프 라인 붕괴도 현저해서 상하수도를 이용할 수 없어 일상생활에 큰 지장을 가져왔다.

(2) 액상화 발생 조건과 메커니즘

그러면 지층이 지진동에 의해 액상화하는 메커니즘을 생각해 보자. 액상화 발생은 지진동의 크기와 지속 시간, 발생 지점의 지질 조건에 큰 영향을 받는다. 통계적으로는 진도 5 이상인 지진으로, 기상청 진도가 5 이상인 지역에서 발생한다고 한다.[19] 한편 액상화가

18 清水建設奇術研究所, 〈東北地方太平洋沖地震報告書〉, 2011年.

19 時松孝次, 〈2.2.1 地盤の地震時液状化被害と対策〉, 《地震と対策》, 白亜書房,

그림 4. 액상화가 발생하는 메커니즘

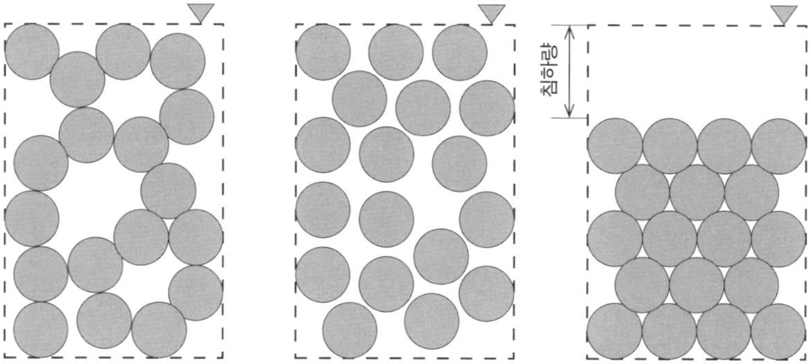

액상화 전 느슨하게 메워진 모래

액상화 순간, 모든 입자가 부유 상태가 된다.

액상화가 종료되어 모래가 촘촘하게 메워진다.

발생하는 지질 조건은 주로 모래로 된 유약한 지층으로 구성된 지반으로, 지하수면이 지표에 가까운 곳에서 발생하는 경우가 많다. 즉 매립지나 충적저지沖積低地, 선상지같이 지층 형성 연대가 오래지 않은 곳이 조건에 들어맞는다. 그 밖에도 내륙의 성토조성지盛土造成地나 화산의 산기슭에서 발생한 경우도 있다.[20]

액상화의 메커니즘은 공학적으로는 다음과 같이 설명할 수 있다(그림 4).

① 물에 포화된 지반이 큰 충격을 받으면 모래 입자는 중력에 의해 연직하방鉛直下方으로 이동하려고 하며, 모래 입자 사이의 간극은 점점 작아진다. 그에 따라 간극수의 압력이 증가한다(지반 지지력이 있을 시).

1992年, p.164.

20 加藤碩一·香村一夫,《地震と活断層を学ぶ》, 愛智出版, 1996年, p.164.

② 모래 입자 사이에 있는 유효 응력應力으로 인해 간극 수압이 커지면 입자들의 결합이 깨져 모래 입자가 수중에 떠 있는 상태가 된다(지반 지지력이 없어진 상태—액상화 상태).

③ 액상화 상태가 진정되면 모래는 침강하고 액상화 발생 전보다 지반은 밀도가 있다(지반 지지력은 부활하지만 지반은 침하한 상태).

(3) 액상화 방지

그렇다면 액상화를 방지하는 방법은 무엇일까?

앞서 서술한 대로 이 현상은 일반적으로 다음의 세 가지 조건이 중첩되면 발생한다.

①모래지반일 것, ②지하수위가 높을 것, ③커다란 지진동을 받을 것. 이 가운데 하나라도 없앨 수 있다면 액상화로 인한 피해는 줄이거나 피할 수 있다. 그러나 ③은 인간의 기술력으로는 대응 불가능이다. 따라서 이전부터 ①과 ②에 초점을 맞춰 액상화 피해 방지기술이 연구, 개발되어 왔다. ①은 지반을 구성하는 흙의 성질을 바꾸는 것이다. 흙을 바꿔서 흙 사이사이에 시멘트 같은 강화물질을 주입하는 혼합 처리, 흙을 단단하게 다지는 등의 방법이 있다. ②는 지진 시 지반의 응력과 변형에 착목한 것으로 흙의 입자 간의 유효응력의 증대, 간극 수압 상승 억제, 전단응력剪斷應力/shear stress 변형 억제를 대책으로 하는 기술이다.

이번 지진에서도 '액상화 대책이 실시된 지반의 피해는 경미했다'는 보고가 있다.[21]

21 地盤工学会,《地震時における地盤災害の課題と対策—2011年東日本大震災の

4. 현재 진행 중인 재난 지역 부흥 지원 연구[22]

1) 연구 실시 배경

센다이仙台 평야는 '미야기 사사니시키'[23]로 유명한 곡창지대이다. 지진 당시 이 평야의 안쪽 깊은 곳까지(해안선에서 약 4킬로미터) 쓰나미가 덮쳐서 경작지에 염분을 포함한 진흙 침전물이 남아 있다. 또 이런 퇴적물이 없는 곳도 바닷물에 휩쓸려 염해가 발생했다.

토양의 염류 농도가 상승하면 농작물 생육에 악영향을 끼친다. 예를 들면 토양에 수분이 풍부하다고 해도 물의 염류 농도가 높으면 식물 뿌리는 수분을 흡수하기 어렵다. 그 결과 기공氣孔이 닫히면 증산蒸散과 이산화탄소 흡수가 막혀 광합성을 못하게 되는 장해가 발생한다. 이 밖에 토양 중의 유용한 미생물이 죽거나 병충해 증가도 생육에 나쁜 영향을 미친다.

토양에서 염분을 제거하는 방법으로는 가용성 염분을 물로 씻어 내는 '담수제염湛水除鹽'이 일반적이다. 수전水田의 경우에 깊이 10센티미터 정도 물을 뿌려 수중 염분을 용해한 뒤 물을 빼는 제염법이다. 그러나 센다이 평야의 상황은 배수기장이 쓰나미로 괴멸적인 피해를 입었고 더군다나 지층의 액상화로 광범위한 지반침하가 발생하여 전체적으로 배수 기능이 작동하지 않고 있다. 따라서 담

教訓と提言》, 2011年.

22 이 절은 와세다 대학 이공학연구소가 발행한 〈早稲田産学連携レビュー2012〉에 기고한 글을 가필한 것이다.

23 옮긴이—사사니시키는 1983년 미야기 현에서 탄생한 쌀의 품종인데 식감이 좋아 초밥에도 잘 어울린다고 한다. http://www.sasanishiki.com/sasanishiki/

수제염법은 적용 불가능하다. 지진 발생 1년이 지난 현재 조기 경작 개시를 위해 자갈과 염해 토양 제거 공사 중인 구역도 있다. 그러나 다량의 재해폐기물 처리에 부심하는 상황에서 염해 토양의 폐기물 배출 외에도 영양분이 풍부한 경작토가 줄어들 우려도 있다.

재난 지역의 조사 후에 집필진은 쓰나미 피재지의 염해경작토의 정화와 복귀에 초점을 맞춰 지원 연구를 고민했다. 주요 개념은 폐기물을 극력 배출하지 않으면서 에너지 소비는 적고, 토양에서 염분만 빼내는 것이다. 구체적으로는 정화자재를 토양에 바둑판처럼 배열하는데, 이 정화자재는 피재지에서 가까운 아오모리 현에서 후쿠시마 현에 걸쳐 널리 분포하는 알로팬질 화산재 토양[24]과 흡착제의 혼합을 고려하고 있다. 집필진은 기존에 '중금속과 유기오탁물질의 토양오염에 대한 환경저부하형 대책 재료'로 일본 전국에 분포하는 화산재 토양에 착목하여 각종 흡착 능력을 측정, 평가해왔다. 이미 간토 롬 토양[25]은 나가노 현長野県과 야마나시 현山梨県에 걸쳐 있는 야쓰가타케八ヶ岳 산기슭 토양, 홋카이도 유바리夕張에서 도카치十勝 지방의 토양, 남규슈 백사白沙 토양에 대해 같은 방법으로 흡착 시험을 하여 각 토양이 갖는 용질흡착력溶質吸着力을 산출하였다. 그 연장선에서 현재 검토 중이며 도호쿠 지방에 다량으로 산출되는 화산재 토양의 흡착 능력을 평가하고 염해경작토 정화에 적용하기 위한 기술을 개발 중이다.

---

24 옮긴이—알로팬allophane은 화산재 토양에 많이 분포하는 점토광물이다.
25 옮긴이—롬loam이란 토양 구분의 하나로 점성이 높은 토양이다. 일본에서는 간토롬이 유명하다. 하야카와 유키오早川由紀夫 교수의 화산 블로그(http://kipuka.blog70.fc2.com/blog-entry-273.html) 참조.

2) 센다이 평야의 염해 실태

지진 발생 3개월 이상 지났음에도 쓰나미가 휩쓴 센다이 평야의 경작지는 거의 손을 쓰지 못하는 상태로, 휩쓸려 온 소형 선박, 자동차, 목재가 각지에 산재해 있다(사진 15). 한편 진흙 침전물과 모래로 이루어진 쓰나미 퇴적물(사진 16)이 경작지에 넓게 덮여 있었는데, 쓰나미가 도달한 구역 전체에 분포하는 것은 아니다. 또 그 두께는 최대 수십 센티미터에 이르는데 내륙으로 갈수록 얇아지는 경향은 보이지 않는다. 이로써 쓰나미가 내륙을 덮치거나 육지에서 쓸려 내려갈 때의 복잡한 움직임을 추측할 수 있다.

(1) 2011년 7월 13, 14일 실시한 조사 결과

염해 실태를 파악하기 위해 2011년 7월 13일과 14일에 센다이 시에서 이와누마 시岩沼市까지 조사하였다. 조사 내용은 남북 약 15킬로미터 지역에서 해안선부터 내륙을 향하여 동서 방향으로 네 곳에

사진 15. 센다이 평야의 토양 시료 채취(센다이 시, 2011년 6월 13일 촬영). 해안에서 2킬로미터 이상 떨어진 내륙인데도 쓰나미에 밀려온 큰 나무가 쓰러져 있다.

사진 16. 쓰나미 퇴적물과 경작원토(이와누마 시, 2011년 6월 13일 촬영). 모래(두께 약 5센티미터), 경작원토가 관찰되었다.

관측선을 설치하고 관측선을 따라 수백 미터 간격으로 24개 지점, 총 52개의 토양 시료를 채취하는 것이다(그림 5).

채취는 우선 깊이 20-30센티미터 구멍을 파서 그 단면을 관찰하고 층상 구분을 실시한다. 그에 기초하여 침전물, 모래, 경작원토별로 채취하였다. 그 후에 실험실에서 건토 10g 상당량의 미풍건토양未風乾土壤/un-air dried soil 시료를 125*ml* 용량의 폴리에틸렌 진탕기에 넣어, 함유율을 고려하여 건토에 대한 물의 비율이 1 : 5가 되도록 증류수를 넣었다. 이것을 한 시간 동안 진탕한 뒤 현탁액의 전기전도율(EC)를 측정했다.[26]

그 결과 쓰나미를 뒤집어쓰지 않은 경작토양에서 용액의 전기전도율은 0.03-0.11dS/m였다(표 2).

한편 쓰나미 피해를 입은 구역은 대부분 수 dS/m로 나타나 쓰나미에 휩쓸린 탓에 전기전도율이 수십 배 증가했음을 알 수 있다. 또 일반적으로 침전물층이 높은 값(최고치: A-5 지점에서 9.40dS/m)

26 日本土壤肥料学会,《土壤環境分析法》, 博友社, 1997年, p.427.

그림 5. 센다이 평야 쓰나미 피해 구역과 토양 시료 채취 지점

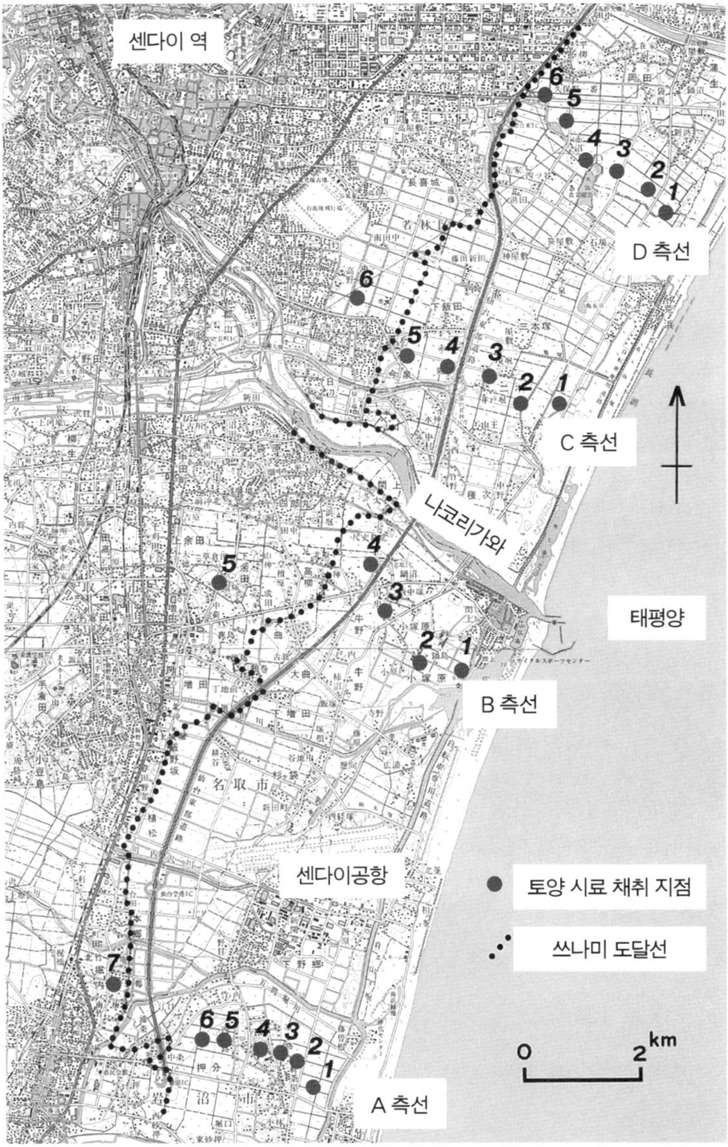

출처: 일본지리학회, 《쓰나미 피재 지도》(2011년)을 기초로 국토지리원, 《1/50,000지형도—센다이·이와누마》에 가필

표 2. 토양 진탕액의 전기전도율(7월 채취시료/11월 채취시료 순. 단위는 dS/m)

A 관측선	1	2	3	4	5	6	7
침전물	7.60/2.10	3.00/0.86	-	3.50/0.42	9.40/0.90	-	-
모래	1.52/0.72	1.74/-	0.36/0.08	1.28/0.15	-	-	-
경작원토	2.60/1.02	2.20/0.31	0.22/0.08	0.62/0.23	3.10/0.50	3.60/0.80	0.03
B 관측선	1	2	3	4	5		
침전물	6.10/2.50	3.70/-	5.90/2.20	4.40/-	-		
모래	1.92/0.57	5.10/2.10	-	-	-		
경작원토	1.19/1.44	1.27/2.20	2.40/2.10	1.53/1.29	0.06		
C 관측선	1	2	3	4	5	6	
침전물	2.00/-	4.10/0.92	4.80/2.10	1.23/2.00	3.30/0.39	-	
모래	0.41/0.23	0.43/0.23	2.00/-	-	-	-	
경작원토	1.50/1.48	1.39/1.08	4.30/1.46	0.78/0.79	0.73/0.28	0.11	
D 관측선	1	2	3	4	5	6	
침전물	-	-	-	1.17/0.27	1.44/0.20	-	
모래	1.29/0.03	1.08/-	0.17/0.03	0.30/0.09	-	-	
경작원토	2.40/0.10	1.87/-	1.11/0.06	1.30/0.53	1.26/0.31	3.00/2.70	

쓰나미 도달 구역←

을 나타낸 점, 경작원토에서도 1-4dS/m를 나타낸 점, 해안선에 가까운 관측 지점의 전기전도율이 상대적으로 높아지는 경향은 없다는 점이 밝혀졌다. 수답의 염해 한계 지표치로 현탁액 EC가 0.5-0.9dS/m라는 값이 제안되었다.[27] 가장 높은 지표치인 0.9dS/m을 기준으로 한 경우도 약 80%의 시료가 이 값을 넘었다.

또 이들 용액 중에 용존溶存하는 이온을 분석하여 양이온, 음이온별로 다이어그램을 나타낸 결과와 비교를 위한 바닷물의 다이어그램을 〈그림 6〉으로 나타냈다. 그리고 분석한 시료의 양이온 합

27 日本土壌肥料学会,《津波関連情報》, 2011年.

그림 6. 토양 진탕액과 해수의 수질 비교

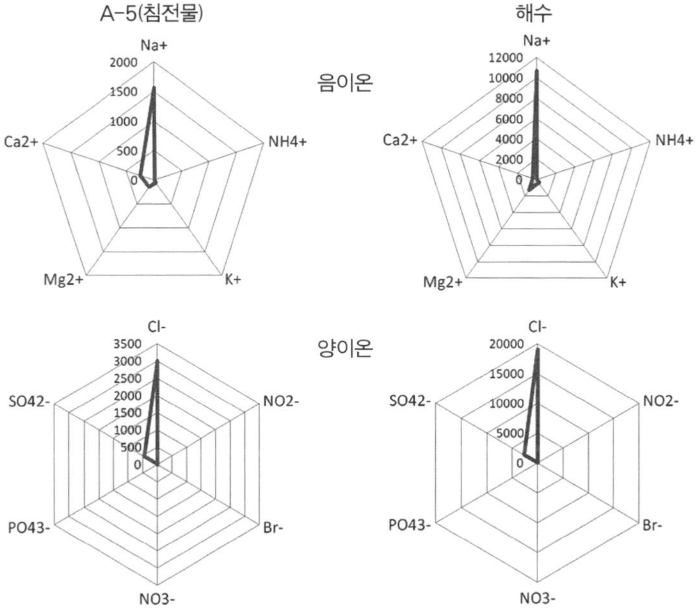

계치와 음이온 합계치에서 이온 밸런스를 구해 보니 그 기여율은 0.994로 매우 높게 나타났다. 이런 결과로부터 토양 시료 중의 염분은 쓰나미가 주된 영향을 끼쳤음을 알 수 있다.

(2) 2011년 11월 27일, 28일 실시한 조사 결과

지진 발생 8개월 이상 경과한 2011년 11월 27일과 28일, 지난번과 거의 같은 지점에서 동일한 방법으로 토양 시료를 채취하여 현탁액 EC의 변화를 조사했다.

그 측정치를 〈표 2〉에 추가하였는데, 지난번 결과와 비교하면 각 지점에서 전기전도율이 크게 감소함 것을 알 수 있다. 그러나 쓰나미에 휩쓸리지 않은 경작토의 전기전도율(0.03-0.11dS/m)보다는 여전히 높은 값을 보이는 시료가 대부분이다. 감소한 이유로 강수가 토양에 침투하는 과정에서 염류를 용출하고 있음을 추측할 수 있다. 한편 쓰나미 피해를 입은 경작지에서 배수 기능이 아직 회복되지 않은 상태임을 고려하면 침투수에 용출된 염류는 경작지 심층부로 이동, 확산하는 것으로 생각된다. 즉 과거 두 번의 조사 깊이보다 더욱 깊은 층에 고농도 염류가 쌓일 가능성이 있다. 이 염류는 기온이 높아지는 여름이 되면 일정한 환경에서 증발작용으로 인해 다시금 지표 부근까지 상승할 것으로 우려된다.

3) 쓰나미 퇴적물에 포함된 오염물질

다음으로 쓰나미 퇴적물의 중금속 농도를 보면 침전물, 모래, 경작원토층 가운데 침전물층이 상대적으로 높다. 토양 시료 중의 비소 농도를 예로 보면, '토양 1kg 당 15㎎ 미만일 것'(농지용 토양오염에 관한 법률)이라는 기준을 13개의 시료에서 초과하고 있다. 최고치는 A-6 지점의 경작원토로 29.2㎎/kg이었다.

이번 시료에서는 확인할 수 없었지만, 파손 선박에서 유출된 오일볼oil ball이 침전물에 섞여 있어 경작에 지장을 가져온다고 지적되는데,[28] 이런 상황에 대한 해명도 중요할 것이다.

4) 염해 토양 정화에 대한 연구개발

이번 조사 대상인 센다이 시에서 이와누마 시에 걸쳐 있는 센다이

28 松本聰, 〈東日本大震災による津波·塩害で罹災した農地の修復と課題〉, 《土づくりとエコ農業》, vol.43, no.6, 2011年, pp.67-72.

그림 7. 연구 개발의 흐름

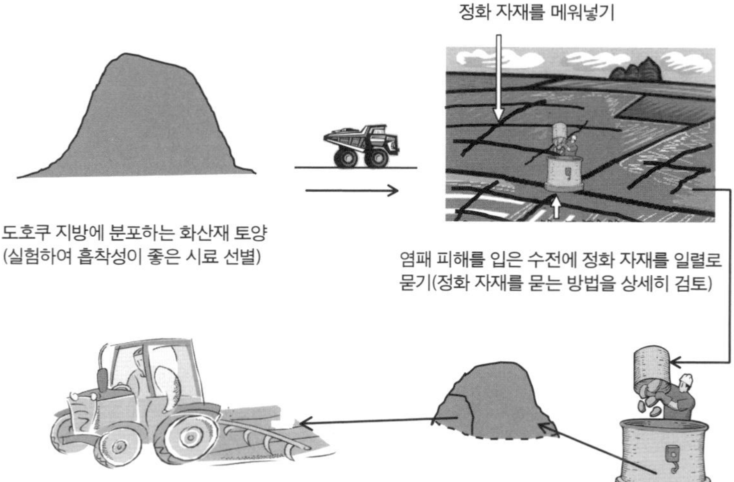

평야에서 쓰나미에 휩쓸린 수경지 면적은 5000*ha* 이상이라고 한다.[29] 이 지역 전체가 깊이 10센티미터(쓰나미 퇴적물을 포함)까지 농작물 생육에 영향을 끼치는 염해를 입었다고 가정할 경우, 그 토양의 양은 500만 m^3에 달한다. 따라서 본 연구에서는 '염해경작원토 및 쓰나미 퇴적물은 삭박削剝하여 반출·이동하지 않는다. 도호쿠 지방에서 나는 화산재 토양은 체임버chamber 안에서 염분을 탈착시켜 정화 토양으로 만들어서 경작지에 퍼 넣을 것'을 기본 방침으로 정했다. 이 일련 과정을 〈그림 7〉로 나타냈다.

이 아이디어의 실현 가능성을 살피기 위해 실험실에서 기초 실

29 農林水産省, 〈東日本大震災(津波)による農地の推定被害面積〉, 2011年.

사진 17. 정화자재 후보인 화산재 토양의 채취 풍경(이와테 현, 2011년 5월 26일 촬영).

험과 실제 염해를 입은 수전 적용 실험을 계획·실시하고 있다. 전자는 ①대상으로 하는 화산재 토양의 염분 흡착력 평가, ②수답생육 실험으로 방법의 유효성 평가, ③염분 탈착을 간편하게 하는 방법 검토 및 휴대용 모델 체임버 제작, 후자는 ①실제 피해 수전에서 정화자재 적용 실험, ②적용 실험 후 정화토양의 수답생육 실험으로 구성된다.

도호쿠 지방에는 정화자재로 적합한 화산재 토양이 넓게, 또 많이 분포한다. 이것을 효율적으로 이용하여 염해 경작원토와 쓰나미 퇴적물을 폐기물로 치부하지 않고 개량하여 곡창지대를 부활시키는 데 중점을 두고 있다. 현 시점에서 집필진이 연구해 온 전국 화산재 토양의 흡착력 평가 실험 결과를 살펴보면, 위의 방법을 실용화할 수 있다(사진 17).

또 염해 토양에서 용출된 중금속을 흡착시키는 점을 보더라도

이 자재는 유효하다. 나아가 자재가 되는 토양 중에는 부식물이 다량 함유되어 있어 오일볼에 의한 저농도 오염 토양에 이 자재를 넣고 다지면 기름 분해를 앞당길 것으로 기대된다.

5) 향후 전망

본 연구는 진행 중이다. 기초 실험 결과가 나오면 이 방법의 피해 경작토 적용과 실현성은 어느 정도 판별할 수 있을 것이다. 한편 강수의 토양 침투 메커니즘과 용출된 염류의 움직임을 해명하는 것이 중요하며 강수 등에 의한 염류의 자연 용출에 대해서도 추적 조사가 필요하다.

농가로서는 파종 시기를 놓치면 1년을 허비하게 된다. 피해 경작지 부흥에 조금이라도 공헌할 수 있도록 이용 가능이라는 결과가 나오면 행정기관, 농업협동조합 등에 서둘러 정보를 제공하겠다.

5. 자연과 어떻게 마주할 것인가

이번 대지진은 우리가 과거에 마주했던 상황을 훨씬 뛰어넘었다. 이 지진으로 우리는 자연의 힘과 그 거대함을 다시금 인식하게 되었고, 동시에 지진과 그에 따라오는 환경 파괴에 대해 기존의 생각을 수정해야 할 시점에 다다랐다. 이 지진으로 발생한 파괴 현상 대부분은 인구밀도가 높은 평지 지역과 인위적으로 토지를 바꾼 곳에 집중됐고, 나아가 인간의 욕망에서 비롯된 인공산물이 사태를 더욱 복잡하게 만들었기 때문이다.

그러나 자연을 이용하면서 인간사회의 발달을 생각하는 시점은 지금까지 인류역사의 원점이다. 이후 '자연과 어떻게 마주할 것인가'를 생각하고 행동하는 것은 환경을 배우는 사람뿐 아니라 인류 모두에게 부여된 명제라 할 수 있다. 이 점에서도 이번 지진으로 발생한 다양한 현상과 문제에 대해 냉정한 눈으로 관찰, 기록, 대응해 나가야 할 것이다. 또 이것이 희생자와 이재민들께 보답하는 길이라고 생각한다.

제 2 장

지진에 의한 석면 비산 실태

기와·자갈 쓰레기 집하장

나고야 도시오名古屋俊士

2011년 3월 11일에 일어난 동일본대지진으로 광범위한 지역에 심대한 피해가 발생하였고, 많은 건축물이 무너지고 막대한 양의 재해 폐기물이 쏟아졌다. 이 재해 폐기물 가운데 석면 함유 건축자재도 있지 않을까 우려된다.

1995년 한신·아와지 대지진 때도 큰 피해를 입은 건축물 해체, 해체물의 운반과 처리 및 재해 폐기물 처리에 따르는 석면 비산이 문제가 되었었다. 이번 동일본대지진에서도 마찬가지일 것으로 예상된다.

따라서 이 장에서는 석면에 관한 기초사항, 석면이 건강에 미치는 영향, 규제의 역사와 현상, 석면 사용의 역사와 실태를 설명하고 동일본대지진의 석면 비산 상황에서 밝혀진 사실을 서술하겠다.

1. 석면에 대한 기초지식

1) 우리들 가까이에 있는 석면

석면은 우리들 가까이에 있는 광물이다. 석면 슬레이트나 마루 소재로 쓰는 제품 중에, 또 지역 차는 있지만 우리가 생활하는 환경 중에도 존재한다. 예를 들어 와세다대학 이공학부 51호관의 옥상(약 65미터)에서 최근 측정한 대기환경 중 석면 농도는 0.14f/L이었다.

석면이 곧바로 건강에 영향을 미치지는 않는다. 석면 슬레이트 같은 제품 중 해체·보수 같은 외부 압력으로 석면이 제품에서 대기환경으로 비산할 때 건강에 영향을 주는 것이다. 즉 석면이 어떤 상황에 있는지를 정확하게 판단하고 적절게 대응하는 것이 중요하다.

2) 석면은 무엇인가

석면은 여러 가지 섬유상 광물 중 공학적으로 사용되는 광물군의 총칭이며, 〈그림 1〉처럼 사문석족 1종과 각섬석족 5종 등 총 6종류의 광물이 포함된다. 섬유상 물질을 포함하는 사문석 원석을 분쇄한 후 암석과 섬유상 물질을 분리함으로써 섬유상 형태를 보이는 면(크리소타일)을 얻을 수 있다(그림 2). 이것이 석면이다.

제품 중의 석면과 건강에 미치는 영향을 대상으로 하는 경우의 석면을 다음과 같이 달리 정의한다.

(1) 제품 중의 석면

국제노동기구(ILO)는 '사문석족 조암광물에 속하는 섬유상 규산염 광물인 크리소타일 및 각섬석족 조암광물에 속하는 섬유상 규

그림 1. 석면의 종류와 광물명

	석면명	광물명	이상구조식
사문석족 **蛇紋石族** Serpentine	크리소타일 Chrysotile (온석면 · 백석면)	크리소타일	$Mg_3Si_2O_5(OH)_4$
각섬석족 **角閃石族** Amphibole	크로시도라이트 Crocidolite (청석면)	리베카이트 riebeckite (조섬석**曹閃石**)	$Na_2(Fe^{2+}>Mg)_3Fe_2^{3+}Si_8O_{22}(OH)_2$
	아모사이트 Amosite (갈석면)	그루너라이트 grunerite	$(Mg<Fe^{2+})_7Si_8O_{22}(OH)_2$
	안소필라이트 Anthophylite	안소필라이트 Anthophylite (직섬석**直閃石**)	$(Mg>Fe^{2+})_7Si_8O_{22}(OH)_2$
	트레모라이트 Tremolite	트레모라이트 Tremolite (투섬석**透閃石**)	$Ca_2(Mg>Fe^{2+})_5Si_8O_{22}(OH)_2$
	악티노라이트 Actinolite	악티노라이트 Actinolite (양기석**陽起石**)	$Ca_2(Mg>Fe^{2+})_5Si_8O_{22}(OH)_2$

그림 2. 섬유상 물질을 포함하는 사문석(左)에서 분리된 크리소타일(백석면, 右)

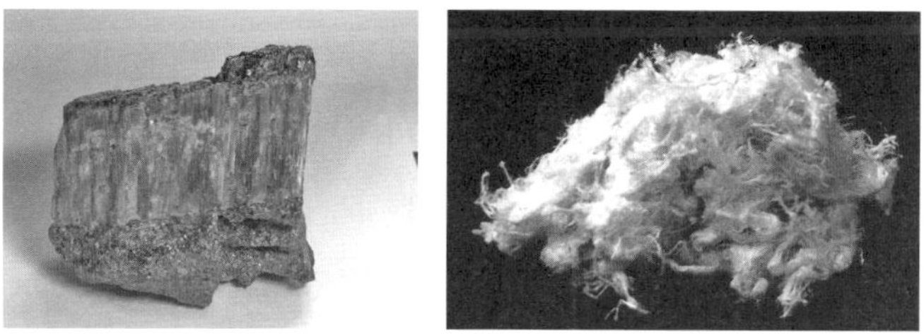

산염 광물인 아모사이트, 크로시도라이트, 트레모라이트, 안소필라이트, 악티노라이트 혹은 이 가운데 하나 이상을 포함하는 혼합물을 가리킨다'고 정의한다.

(2) 건강에 미치는 영향을 대상으로 하는 경우

이전에 석면을 취급하는 제조공장의 작업환경 관리를 위해 석면 측정을 실시했다. 그때 측정 대상이 된 석면은 작업환경 측정 기준에서 '길이 5μm 이상, 폭(직경) 3μm 미만으로 그 비율이 3이상인 것'이라 정의한다. 한편 대기환경에 대해서는 석면 모니터링 지침에 따라 측정하였는데, 측정 대상은 '길이 5μm 이상, 폭 3μm 미만으로 그 비율이 3이상인 섬유상 물질'이다.

3) 석영(결정질 실리카)과의 차이점

(1) 석영이란

우리가 생활하는 환경에는 늘 분진이 떠다닌다. 분진의 근간인 암석에는 함유율은 다르지만 〈표 1〉에 보이듯이 결정질 실리카(석영)가 포함되어 있다.

국제암연구기관은 기존에 결정질 실리카의 발암 분류를 그룹 2A(장래 발암성이 있음)로 하였는데, 1997년에 그룹 1(발암물질)로 평가를 개정했다. 이에 따라 2002년 일본산업위생학회의 허용농도위원회에서는 결정질 실리카(석영, 트리디마이트, 크리스트바라이트 등)를 발암물질 분류 가운데 제I군(인체에 대해 발암성이 있다고 판단되는 물질, 역학적 근거가 있음)에 해당하는 물질로 판정했다.

한편 석면은 이전부터 제I군의 발암물질로 지정되었는데, 석면 슬레이트나 분사석면 등 사용처가 제한되는 데 비해 분진은 일상생활 환경 중에 떠다녀서 피할 수 없다. 예를 들면 모래사장의 모래는 대부분 사암이다. 사암에는 발암물질인 석영이 30~50% 함유되어 있는데, 그렇다고 해서 모래사장에 알림판을 설치해 '이 모래사장의 모래에는 발암물질이 포함되어 있으니 방진 마스크를 이용해 주세요'라고 하지는 않는다. 또 돗토리鳥取 사구의 모래에도 발암물질인 석영이 함유되어 있지만 관광객에게 방진 마스크를 착용하라고는 하지 않는다. 특정 장소에만 있는 석면과 어디에나 있는 석영의 차이는 무엇일까?

(2) 양자를 다르게 취급하는 이유

건강에 영향을 미치는 리스크는 환경폭로環境曝露와 직업성 폭로에 의한다. 환경폭로란 1960년대 유황산화물로 인한 욧카이치四日市 천식[1]과 디젤입자가 일으킨 기관지염, 천식 같은 공해를 가리킨다. 직업성 폭로란 일터에서 작업을 하면서 입게 되는 것을 말한다.

석영(결정질 실리카)의 경우 ① 결정질 실리카를 함유하는 분진에 노출된 집단

표 1. 암석 중 유리규염(석영) 함유율

종류	유리규염
화성암	
화강암	29-38
석영규암	25-53
유문암	21-34
화강섬록암	18-28
중성암	
석영조면암	26-47
석영안산암	23-41
각섬안산암	20-34
휘석안산암	5-17
조면암	8-14
분암	32-41
염기성암	
반려암	0-11
휘록암	4-14
현무암	2-28
과염기성암	
휘암	0-1
각섬암	0-23
감람암	0-1
퇴적암	
사암	25-65
사질혈암	22-58
혈암	20-45
점판암	28-44
응회암	25-58
규암	45-82
점토	17-50
석회암	0-8
변성암	
운모편암	32-52
각섬편암	10-22

1 옮긴이—미에 현 욧카이치 시에는 1957년부터 석유 정유소가 차례차례 건설되어 석유 콤비나트가 완성되었다. 이때부터 욧카이치 앞바다의 이세만伊勢灣에서 잡은 물고기에서 냄새가 나기 시작했다. 생선 가격 하락으로 어민이 타격을 입었고, 피해는 이윽고 대기환경에까지 미쳤다. 석유 콤비나트에서 나오는 아황산가스 등의 유독가스와 악취가 시민의 건강을 위협했던 것이다. 1959년 무렵부터 석유 콤비나트에 인접한 염전 지구에서 천식 환자가 급증하여 '욧카이치 천식'이라고 불렸다.

가운데 진폐유소견자는 폐암 위험이 높아진다고 보인다, ②같은 집단 가운데 진폐유소견이 없는 사람들은 폐암 위험이 높아지는 소견은 보이지 않는다는 보고가 있다(폐암을 병발併發하는 진폐의 건강 관리 등에 관한 보고서, 2002년 10월 1일). 즉 진폐 발생을 예방할 수 있다면 폐암 과잉 발생도 대부분 예방할 수 있기 때문에 분진폭로 방지 대책을 철저히 하고 진폐 발생 방지에 힘써야 한다. 모래사장에서 노는 아이들이나 사막 관광객이 진폐증에 걸리는 일은 없으므로, 분진으로 발생하는 폐암에 대해서는 직업성 폭로만 고려하면 된다.

한편 석면의 경우 제한된 장소에서 사용되기 때문에 해체 작업이 없는 한 비산하지 않는다. 그럼에도 불구하고 해체 현장 부근의 공기를 흡입만 해도 폐암에 걸린다고 생각하는 사람도 있는데, 이는 2005년 6월 말에 발생한 '구보타 쇼크'에서 출발한다. 당시 구보타의 간자키神崎 공장(효고 현 아마가사키 시尼崎市 소재)은 수도관을 생산하고 있었다. 당시 수도관은 내부식성耐腐食性과 강도 강화를 위해 크로시도라이트를 사용하고 있었다. 이 공장 주변 주민들 중 중피종中皮腫 사망자가 전국 평균에 비해 9배 이상에 달했다는 사실을 알게 되었다. 중피종은 석면이라는 원인이 없다면 걸리지 않는 병이며 주민의 중피종은 구보타 공장에서 공장 주변으로 비산한 크로시도라이트가 원인임이 명백하였다. 또 크로시도라이트는 석면 중에서 중피종을 유발하는 가장 큰 원인인데 그 가능성이 크리소타일의 500배라고 한다. 구보타 간자키 공장에서는 일본으로 수입된 크로시도라이트의 80% 가까이 취급하고 있었는데, 공장에

들어온 크로시도라이트를 3층 작업장에서 개봉하여 해면 작업을 하고 있었다. 그때 크로시도라이트가 날리는 탓에 작업장 창문을 열어 환기시키려고 했던 것 같다. 그 때문에 일부 크로시도라이트가 반대쪽 창문으로 나와 공장 주변에 비산하여 주변 주민이 크로시도라이트에 노출된 것으로 생각된다.

'구보타 쇼크'로 인해 석면은 환경폭로로도 질병을 일으킬 가능성이 있음이 알려졌고, 새로운 형태의 공해라는 인식이 생겼다. 이것이 같은 발암성질의 석영(결정질 실리카) 분진과 다른 점이며 노출 기회가 거의 없음에도 불구하고 석면이 일상의 사회문제로 여겨지게 된 까닭이다.

4) 각종 석면의 특성

석면은 천연섬유상 광물이며 내열성, 항장성抗張性, 내산성耐酸性, 내耐알칼리성이 뛰어나다. 1kg당 50-200엔 정도로 비교적 가격이 저렴하여 공업원료로 널리 사용되고 있으며 석면을 함유한 여러 가지 제품이 일상생활에 침투해 있다.

상업적으로 사용되는 석면 중 크리소타일, 아모사이트, 크로시도라이토의 물리적, 화학적 성질을 〈표 2〉에 정리했다. 위와 같은 성질을 활용하여 아래와 같이 다양한 제품에 활용하고 있다.

(1) 크리소타일

크리소타일은 방직성, 내열성, 내마모성과 단열성이 뛰어나며 이 성질을 활용한 석면 제품으로는, 방직품, 조인트 시트, 석면판, 마찰판, 석면 슬레이트, 석면 시멘트 원통, 펄프 시멘트판이 있다. 이 가

표 2. 각종 석면의 화학적·물리적 성질

특성	크리소타일	크로시도라이트	아모사이트
경도	2.5-4.0	4.0	5.5-6.0
비중	2.4-2.6	3.2-3.3	3.1-3.3
항장력(kg/cm^2)	30000	35000	25000
방직성	좋은 편	좋음	좋음
유연성	큼	좋음	좋음
내열성	고온에서 깨지기 쉬움	고온에서 녹음	고온에서 깨지기 쉬움
내산성	약함	강함	보통
내알칼리성	매우 강함	강함	강함
분해온도	400-700℃	400-600℃	600-800℃

운데 석면슬레이트로 분류된 특수보드와 파형 석면 시멘트판이 전 제품의 약 72%를 차지한다.

(2) 아모사이트

아모사이트는 연한 갈색 또는 회색으로 긴 섬유가 많다. 섬유는 크리소타일보다 단단하며 유연성과 탄성이 좋다. 때문에 아모사이트는 보온재로서 단독으로 판이나 관으로 성형成型하거나, 이음판으로서 마그네시아, 규조토에 혼입하여 근년까지 규산 칼슘판에도 사용되었다.

(3) 크리시도라이트

크리시도라이트는 산화철을 함유하고 있어서 색깔이 파랗다. 내산성이 매우 높고 강도가 크지만, 크리소타일과 아모사이트에 비해 내열성이 약간 떨어진다. 이 성질을 응용하여 장섬유는 내산용의 방직품, 고압관, 시트 가스켓에 사용된다. 또 철을 대량 함유하고 있어서 철골과 접촉도 좋고, 중간 길이의 것은 분사석면으로 건축용으로 쓰인다.

2. 석면이 건강에 미치는 영향

1) 석면공업 발전과 석면이 인체에 미치는 영향의 밀접한 관련

석면의 유해성이 널리 알려지고 다수의 의사들이 석면으로 인한 질병에 대한 보고를 했던 시기는 석면의 공업화 발전과 깊이 관련된다. 다시 말하면 석면 공업 발전과 그에 따른 석면 생산 및 소비의 증가에 따라 석면으로 인한 질병도 증가하는 경향이 있다.

석면의 사용 확대에 따라 석면을 흡입하여 일으키는 건강장해도 분명해졌다. 폐의 선유화線維化가 특징인 석면폐asbestosis, 폐암, 흉막과 복막의 악성 중피종 등이 석면 관련 질환으로 알려져 있다.

건조물 재료를 사용하는 건설 관련 작업 가운데 석면을 함유한 분사재 분사, 제거 등 작업 시에는 작업환경뿐 아니라 일반 환경에도 영향을 미친다. 최근 석면공장 주변 주민의 건강에 미치는 영향에 대한 보도를 접할 때마다 해체·보수 현장에서 비산한 석면에 영향을 받는 주변 주민의 건강을 배하는 대책의 중요성을 통감한다.

2) 석면에 의한 건강장해 역사

(1) 해외의 경우

1세기경 그리스의 지질학자 스트라본Strabōn[2]과 로마의 자연과학

2 옮긴이—스트라보라고도 한다. 소아시아의 아마세이아 출생의 그리스의 지리학자이자 역사가로《그리스 통사》4권,《그리스 로마 세계사》39-43 권 중 19편의 단

자 플리니우스Gaius Plinius Secundus[3]는 석면으로 천을 짜는 노예가 폐병으로 죽었다는 기록을 남겼다. 바로 석면폐라고 생각된다. 그런 지적이 후세에 올바르게 전해졌다면 오늘날과 같은 소동이 일어나지 않았을지도 모르지만, 아쉽게도 그 시대 이후 석면 수요가 급속도로 떨어진 탓에 귀중한 기록은 잊혔다.

1890년 프랑스의 노르망디 지방에 석면 방적공장이 만들어졌는데, 조업 개시 5년 동안 50명의 노동자가 사망했다. 이 지방의 공장 감독관인 올리보는 50명의 사망자 가운데 16인이 채석장 노동자에게 보이는 진폐와 매우 비슷하다고 보고하였으나, 조치는 분진이 많은 작업장에서 18세 이하의 어린 노동자의 취업을 금지하는 데 그쳤다. 공장 감독관은 중대한 사실을 깨달았으면서도 그 중요성을 충분히 이해하지 못했다. 또 1900년 런던 체어링크로스 병원의 말레 박사도 석면 방적공장에서 14년간 일한 경험이 있는 33세 남성을 해부하여 폐조직 중에 석면의 섬유를 발견하고 환자의 사인과 직업의 관련성을 생각했다. 그러나 직업병보상위원회에 '현재는 분진 흡입 방지를 위해 노력하고 있으므로 이 질병이 지금처럼은 발생하지 않을 것이다'라고 보고했다. 박사 역시 그 중요성을 깨

편이 남아 있을 뿐이나, 《지리서Geographia》(7권)는 대부분이 남아 미술사에서도 귀중한 자료가 됨. 《미술대사전(인명편)》(1998) 참조.

3 옮긴이—로마의 고관이며 제독提督. 코뭄(현재 코모) 출신. 박학다식하고 연구심이 강하며, 폼페이를 매몰시킨 베수비오 화산 대폭발 때 급히 시찰을 갔다가 분화 연기의 가스로 인해 순직했다. 그의 현존하는 유일한 대저작 《박물지博物誌/Naturalis Historia》(37권)는 티투스 황제에게 헌정된 것으로 천문, 지리, 인문, 자연학의 다방면에 걸친 백과전서식 저작이다. 특히 미술사 부분은 그리스 미술에 관한 기본 자료로서 매우 중요한 문헌이다. 《미술대사전(인명편)》(1998) 참조.

닫지 못했던 것이다.

그런 시대를 지나 1927년 영국의 쿡 박사가 처음으로 석면 분진 흡입이 일으키는 석면폐에 대해 보고했다. 그 이후 구미와 남아프리카 등지에서 다수의 발생 보고가 있었고, 1935년에는 석면폐에 폐암이 따라온다는 보고, 1960년에는 흉막과 복막에 악성중피종이 합병한다는 다수의 보고가 있었다.

이는 석면 취급 작업장에서 일하는 작업자의 질병에 관한 보고인데, 1960년 남아프리카의 바그너는 크로시도라이트 광산의 노동자뿐 아니라 광산 주변 주민에게도 흉막중피종이 다량 발생했다고 보고했다. 이 사실은 많은 석면 제품 속에서 생활하고 있는 우리들도 석면으로 인한 질병에 걸릴 가능성이 있음을 시사한다. 이 보고 후 많은 역학 조사가 행해졌는데 특히 미국의 세리코프박사팀은 대기환경 중의 석면과 폐암 발생 연관관계 등에 관한 귀중한 정보를 보고했다.

(2) 일본의 경우

일본에서도 전후 한동안 석면 광산, 석면 제품 제조업 노동자의 석면폐 발병 보고가 있었다. 1960년에는 오사카 석면 방적산업 작업자의 폐암 사망이 보고되었고, 1973년에는 석면에 의한 중피종이 처음으로 보고되었다. 1978년에는 직업상 석면 노출로 인한 업무상 질병에 대해 노동자재해보상보험법에 의한 보험 급여가 시작됐다.

최근 중피종 환자가 석면에 노출되는 경우는 전기공업 설비 배선, 가공 관리, 제관 가공이나 용접 시 단열재를 붙이는 작업, 청주 제조업에서 석면 필터 보수유지나 교환 작업 등 다양하다.

석면의 수입량과 노동자재해보상보험 인정자의 추이를 살펴보면 석면 사용이 증가함에 따라 인정자 수도 증가했다. 그러나 노동자재해보험 인정자 수의 증가 경향을 유지하고 있는 것은 아니고 석면 측정이 시행되고 작업환경 관리가 발전함에 따라 질환자 수는 감소 경향을 띠게 되었다.

3) 석면으로 인한 각종 질병

석면으로 인한 질병에는 석면폐, 폐암, 흉막과 복막의 악성중피종 및 흉막비후반 등이 있다. 이들 질병 대부분은 호흡기 질환인데 최근에는 위암, 후두암, 결장암 등 소화기계 암과의 관련도 강하게 의심된다는 보고가 나오고 있다. 그러나 그에 의구심을 표하는 의견도 많아 향후 연구를 기다릴 수밖에 없다.

석면 관련 질환의 징후로 석면 노출량, 잠복 기간과의 관계를 〈그

그림 3. 각종 질병 발생에서 석면 노출량과 잠복 기간의 관계

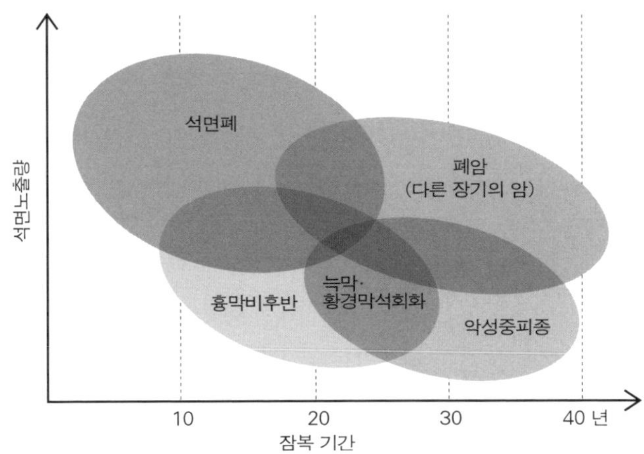

출처: 석면분진의 노출량과 잠복 기간(Bohling, 1975)

림 3〉으로 표시하였다. 석면 노출량이 고농도면 석면폐와 폐암, 저농도면 흉막비후반과 악성중피종이 발생하고, 폐암과 악성중피종은 각각 석면폐, 흉막비후반보다 훨씬 더디게 발생한다.

다음에서 석면폐, 폐암, 중피종에 대해 서술하겠다.

(1) 석면폐

석면분진을 흡입해서 발생하는 폐의 섬유성 증식 변화가 주인 병변, 즉 폐섬유증으로 진폐의 일종이다. 흡입한 석면은 폐에 들어가 가느다란 기관지와 폐포를 자극하여 세기관지폐포염을 일으킨다. 폐포가 섬유화하면 가느다란 기관지를 당기면서 확장시킨다. 이런 섬유화의 범위가 넓어지면 폐의 탄력성이 없어지면서 폐포벽이 두꺼워져 공기를 마셔도 산소가 혈액 중에 들어가기 어려워 호흡곤란을 일으킨다. 영국의 쿡 박사는 방적공장에서 13년 동안 일한 여성(33세)을 해부, 다량의 석면섬유로 막힌 폐의 섬유성증식 변화를 보고 문헌에 없는 새로운 증상으로 여겨 석면폐증이라고 이름 붙였다. 석면폐는 진폐와 마찬가지로 진행이 더뎌 임상적으로 징후가 나타날 때까지 걸리는 시간이 10년 미만인 경우가 드물다. 기능장해를 자각한 때는 이미 병이 깊어진 상태이며 현대의학으로서도 손 쓸 도리가 없는 불치병이다. 진폐와 마찬가지로 조기 검진이 매우 중요하다.

또한 암 이외에 합병증으로는 흉막염의 합병률이 높고, 폐결핵의 합병률은 규폐에 비하면 높지 않다고 한다.

(2) 폐암

석면은 앞에서 말한 대로 '발암물질' 제I군(사람에 대해 발암성이 있는 물질)에 속하며 폐암 발생의 주요 원인 물질이다.

폐암 발생의 상대적 위험도는 석면의 종류와 석면을 취급하는 직업에 따라서도 차이가 나는데, 석면 노출과 폐암 발생 사이에 안전 역치閾値는 없다.

크리소타일의 노출군과 아모사이트 등 각섬석류의 노출군의 발생 방식은 다르다. 각섬석류인 크로시도라이트와 아모사이트에 노출되면 폐암으로 인한 사망과 함께 흉막중피종, 복막중피종 발병률이 높다. 이는 각섬석류의 섬유가 좀더 폐 깊숙이 들어가기 쉬운데다 변질하지 않고 폐 안에 쌓이기 쉽기 때문이다. 이에 비해 크로소타일은 폐의 중심부에 침착하기 쉽고 미세분진은 폐대식세포에서 처리되기 쉽기 때문으로 생각된다.

또 석면으로 인한 폐암은 일반 폐암에 비해 폐의 아래쪽에 있는 하엽에서 자주 발생하는 선암腺癌이 많은 것이 특징이다.

폐암의 주요 원인은 흡연이지만 석면 노출과 흡연 습관이 상호작

표 3. 석면과 흡연과 폐암

① 셀리코프Selikoff 조사: 폐질환 사망자 1,940명 중 폐암에 의한 사망자 450명		
흡연과 석면에 무관한 사망자	9명	9명을 1로 하면
석면에 의한 사망자	44명	5배
흡연에 의한 사망자	94명	10배
흡연과 석면에 의한 사망자	303명	34배
② 해먼드Hammond 조사: 단열재 작업노동자 17,800명 추가 조사(10만 명당 폐암 사망률)		
흡연과 석면에 무관한 사망자	11.3명	11.3명을 1로 하면
석면에 의한 사망자	58.4명	5.4배
흡연에 의한 사망자	122.6명	10.8배
흡연과 석면에 의한 사망자	601.6명	53.2배

용하면 폐암의 위험성이 더욱 커진다. 석면과 흡연의 관계는 〈표 3〉에서 보는 대로이다. 모든 조사에서 석면의 폐암 위험성보다 흡연으로 인한 폐암 위험성이 높은데, 석면 노출과 흡연이 겹치면 폐암 위험도는 그 곱이 될 정도의 인과관계를 보인다.

(3) 악성중피종

흉막이나 복막에서 발생하는 종양으로 치명적인 질명이며 진단 후 반년 이내 사망하는 경우가 많은데, 현재로서는 조기 발견이 최선의 치료 방법이다. 또 연령에 상관없고, 최초 노출에서 20년 지나서 발병하는 것으로 알려졌다. 그 80%는 직업성 석면 노출에 의한 발병으로 특히 크리소타일에 비하여 크로시도라이트는 500배, 아모사이트는 300배 발생률이 높다.

악성중피종은 희귀하지만 석면 노출 작업자 사이에는 높은 확률로 발생한다. 석면 작업자의 옷이나 몸에 묻은 석면을 흡입하여 가족이 악성중피종에 걸리는 일도 있다. 그 비율은 석면 취급 작업자가 약 50%, 그 가족이 약 5%라고 한다.

4) 석면 문제의 현상

석면에 관한 보도를 보면 석면이 어떤 상태에 있는지에 상관없이 폐암이나 악성중피종에 걸리는 듯한 인상을 주는 내용이 많다. 그러나 연구자 사이에는 폐암에 관해서는 석면보다 흡연이 위험하다는 의견도 있고, 사용되는 석면 중 90% 이상을 차지하는 사문석족 크리소타일에 비해 각섬석족인 크리시도라이트나 아모사이트에 노출되었을 때 악성중피종 위험이 100-400배나 더 악성중피종 위험이 높다고 보는 사람도 있다. 이런 의견에 대해 구체적이고 정확하게 보도되길 바란다. 한편, 그런 보도가 해체나 보수 작업 현장의 작업자의 마스크 착용, 적정한 해체와 보수 작업의 필요성에 대한 인식, 대충대충 하는 해체 작업자의 도태, 노동 안정 위생의 중요성을 높이는 데 공헌하고 있는 것도 사실이다.

현재 발생하는 석면 관련 질환자 대부분은 석면 취급 공장 작업장에서 작업환경 관리 개념이 정리되지 않는 시대에 석면에 노출된 작업자로 여겨진다. 구보타 간자키공장의 석면 문제에서는 공장 주변 주민에게 건강장해가 다수 발생했던 사실을 기억하는 것이 중요하며, 두 번 다시 그런 일이 일어나지 않도록 해체, 보수 작업 현장의 석면 비산 방지 대책은 필수이다.

3. 석면 규제의 역사와 현상

1) 법규제의 흐름

일본의 석면에 관한 법규제는 다음과 같이 나눌 수 있다.

(1) 노동자의 건강보호에 관한 법규 : ① 노동안전위생법, ② 특정 화학물질 등 장해예방규칙, ③ 진폐법
(2) 대기오염 방지에 관한 법규 : 대기오염 방지법
(3) 폐기물 적정 처리에 관한 법규 : 폐기물 처리와 청소에 관한 법률
(4) 화학물질의 배출량 파악과 자주 관리에 관한 법규 : ① PRTR 법, ② 도쿄 도東京都 환경 확보 조례 등

노동자의 건강 확보에 관한 법규 등의 변천 개요를 〈표 4〉로 정리하였다.

표 4. 노동자의 건강 확보에 관한 법규 등의 변천

1960년 3월	'진폐법' 제정. 석면과 석면 제품을 다루는 작업자의 건강 관리를 위한 진폐 건강진단 실시 포함.
1971년 4월	'특정 화학물질 등 장해예방규칙' 제정. 석면이 관리해야 하는 물질로 처음 규정됨. 규제 대상은 주로 석면과 석면 제품 제조 작업장.
1972년 8월	'노동안전위생법' 제정. 같은 해 9월 동 법률 하위 특화칙 제정. 특화칙에서는 화학물질 등에 의한 노동자의 건강장해를 예방하기 위해 현재 52종의 화학물질 지정, 그 가운데 석면은 관리 제2류 물질, 특별 관리 물질로 됨.
1975년 9월	특화법 개정으로 법규 대상이 기존의 석면 제품 제조에서 석면 제품 취급 작업까지 범위가 확대됨. 또 석면 농도 기준으로 억제 농도(국소 배기장치 후드 주변의 농도 기준)를 5f/㎤로 규정.
1988년 9월	작업 환경 평가 기준을 제정, 작업환경의 석면 농도 측정 시 평가에 이용하는 석면분진의 관리 농도를 2f/㎤로 규정.
1995년 1월	'노동안전위생법시행령·동 규칙' 및 특화칙 개정으로 크로시도라이트, 아모사이트 사용, 수입이 금지되고 적용 범위를 석면 함유율 5중량% 이상에서 1중량%를 이상으로 확대.
2004년 10월 1일	'노동안전위생법시행령'이 개정되어 석면을 그 중량의 1% 이상 함유하는 10개 품목에 대해 제조, 수입, 양도, 제공 및 사용이 금지됨.
2005년 4월 1일	작업 환경 중의 석면 관리 농도가 2.0f/㎤에서 0.15f/㎤로 변경됨.
2005년 7월 1일	'석면장해예방규칙'(2005년 후생노동성령 제21호) 제정. 노동안전위생법에 기초하는 새 단독 규칙으로 제정. 그 배경은 1970년부터 1990년에 걸쳐 석면이 다량 수입되어 대부분이 건재로 사용되었기 때문에, 이후 건축물 노후에 따른 해체 작업 시에 작업 종사자의 건강장해 발생이 우려되는 상황이었다는 것이다.
참고로 대기오염 방지에 관한 법규는 아래와 같다.	
1968년	'대기오염방지법'에서는 분사 석면 제거 작업 신고와 석면 제품 제조 시설을 특정 분진 발생 시설로서 신고할 것을 규정함.
1989년	대기오염 방지법 일부 개정으로 석면이 '특정 분진'으로 규정됨. 석면 제품 제조공장의 부지 경계의 기준치가 석면 농도 10f/L로 규정됨.

2) 석면의 관리 농도와 허용 농도

유해물질이 환경으로 방출되지 않는 것이 이상적이지만 현실적으로 극히 어렵다. 따라서 사회경제적·기술적 문제와 건강에 미치는 영향을 고려하여 유해물질이 발생하는 작업환경에서 개선 대책을 고려하는 데 기준이 되는 농도가 필요하다. 석면도 마찬가지로 작업자의 건강을 지키기 위한 관리 농도와 허용 농도가 정해져 있다.

(1) 관리 농도

관리 농도는 작업장의 공기 중 유해물질 농도를 행정적인 관점에서 작업장 전체를 규제하기 위한 것으로, 작업환경 관리의 좋고 나쁨을 판단하는 데 기본적인 수치이다. 노출 한계와 관리의 기술적 가능성을 감안하여 행정이 정한다.

석면의 관리 농도는 2005년 3월 이전 2f/㎤에서, 4월부터 0.15f/㎤로 변경되었다.

(2) 허용 농도

허용 농도란 '노동자가 유해물질에 연일 노출되는 경우 해당 유해물질의 대기 중 농도가 이 수치 이하면 거의 대부분의 노동자에게 악영향이 보이지 않는 농도'인데 일본산업위생학회의 허용농도위원회가 결정한다. 일반적으로 작업자의 가슴에 개인 샘플러를 장착하고 8시간 측정 후 얻은 노출 농도를 허용 농도와 비교함으로써 건강에 미치는 영향을 평가한다.

과거 허용 농도는 2.0f/㎤이었는데, 현재는 과잉발암생애위험도의 평가치로 나타낸다. 과잉발암생애위험도는 통상 노동연령(약 40년)을 통해 유해한 화학물질에 노출된 사람이 평균수명에 도달할 때까지 해당 물질이 원인인 암으로 사망하는 위험을 뜻한다. 구체적으로는 노출 상황과 암 발생 상황을 역학적으로 연구한 논문에 기초하여 실제로 관찰된 노출 범위보다 저농도 노출에 의한 과잉발암을 계산하여 추정, 일정한 위험에 상당하는 추정 노출 농도를 평가치로 한 것이다.

크리소타일만 보면 과잉발암생애위험도 10^{-3}평가치는 0.15f/㎤이며, 10^{-4}평가치는 0.015f/㎤이다. 또 크리소타일 외의 석면을 포함하는 경우는 과잉발암생애위험도 10^{-3}평가치는 0.03f/㎤, 10^{-4}평가치는 0.003f/㎤이다. 덧붙여 미국산업위생전문가회의(ACGIH)가 정한 농도는 0.1f/㎤이다.

4. 석면 사용의 역사와 실태

1) 석면 사용의 역사

(1) 외국의 경우

인류의 석면 사용은 오래전으로 거슬러 올라간다. 고대 로마 시대에는 석면 악티노라이트(양기석)를 교회에서 램프 심지로 사용하였다. 또 표트르 대제 시대인 1720년에는 러시아 우랄 지방에서 석면이 발견되어 직물을 제조하였다. 또 중국 후한 시대 장군 염이染異가 석면으로 만든 의복을 애용했다고 한다. 한편 1725년 벤저민 프랭클린이 영국 방문 시 석면의 원석을 기증했는데 지금도 대영박물관에 진열되어 있다.

1878년 파리 만국박람회가 석면 제품 대량생산의 막을 열었다고 일컬어진다. 당시 석면 사용 목적은 내화耐火였다. 1870-1880년대 세계에서 극장 화재로 2,216명의 희생자가 나왔는데 석면으로 연화를 방지했다면 희생자의 95%는 구할 수 있었다는 연구도 있다.

(2) 일본의 경우

일본에서 석면에 관한 고문헌으로 《다케토리 노모가타리竹取物語》가 있다. 가구야 공주가 귀공자 다섯 명 가운데 좌대신 아베에게 결혼 조건으로, 불을 지펴도 타지 않는 천, 당시 중국에 있다고 전해진 '중국의 화서火鼠의 털옷',[4] 즉 석면으로 짠 천을 내걸었다고 한다.

에도 시대[5]가 되면 히라가 겐나이[6]가 치치부秩父 산지에서 산출된 석면으로 화완포를 만들고 1764년에 《화완포설》을 저술하여 판매하였다. 다만 석면섬유가 짧았던 탓에 천을 짤 수 없어, 당시 운모雲母로 만드는 향부香敷[7]를 석면으로 제작했다. 메이지 초기인 1870년경에는 의사인 구로다 겐카쿠[8]가 석면을 채굴하여 천을 만

---

4 옮긴이—불쥐(火鼠)는 상상의 동물로 남방의 화산 속에 산다고 전한다. 쥐의 털로 불에 타지 않은 화완포火浣布를 만들 수 있다고 한다. 오동환,《우리 삶에 가장 소중한 것은 모두 한 글자로 되어 있다》(세시, 2010); 야부우치 기요시, 전상운 옮김,《중국의 과학문명》(민음사, 1997) 참조,

5 옮긴이—일본의 역사에서 도쿠가와 이에야스德川家康가 1603년 천하를 통일하고 에도에 막부幕府를 연 때부터 1867년 메이지 유신 시 대정봉환大政奉還까지 265년간을 가리킨다.

6 옮긴이—히라가 겐나이平賀源内(1728-1780)는 에도 시대 중기에 활약한 본초학자이자 지질학자이다. 난학蘭學과 식산 사업에 종사하였으며 의사이자 발명가이기도 했다.

7 옮긴이—향도香道 도구의 하나로 얇은 운모 조각에 금, 은, 주석으로 가장자리를 붙인 것. 은엽銀葉이라고도 한다.

8 옮긴이—구로다 겐카쿠黒田玄鶴(1779-1836)는 에도 시대 후기의 의사이자 유학

들어 의료용으로 사용했다고 한다.

1942년 물자 통제령에 따른 '석면배합통제규제'가 발포되었다. 석면은 전함의 제조에 불가결하며 군사물자로 취급되었다. 1946년 '석면요공조정요강'이 공포되어 민간 수요에 이용할 수 있게 되었다. 사용 목적은 황산암모늄 제조에 필요한 전해이막용電解離膜用 석면 등을 얻기 위해서였다. 1949년에는 캐나다, 남아프리카에서 석면이 수입(5,610톤 정도)되었는데, 사용 내역은 조선업 1,370톤, 화학공업 845톤, 자동차 695톤, 육상 운송 427톤, 전력 설비 373톤, 기계기구 316톤, 철강·석탄 308톤 등이다.

1952년 석면 원료의 배합 규제가 전면적으로 폐지되어 1963년에는 석면 제품 완전 자유화가 실시되었다.

2) 석면 사용의 실태

현재까지 일본에서 공업적으로 사용된 석면의 95% 이상은 사문석족의 크리소타일이다. 나머지는 각섬석족인 아모사이트, 크로시도라이트인데, 크로시도라이트는 매우 제한적인 용도로만 사용된다.

우리 주변에서도 〈그림 4〉에서 보듯이 각종 석면 제품이 다양하게 사용된다.

석면은 1964년경부터 항공기지 부근의 건축물, 공장건물 등에 주로 방음, 단열 목적으로 사용되었다. 사용 시 석면을 직접 뿌리는 분사석면법이 시행되었다. 석면의 직접분사 작업은 1955년경부터

자. 교토에서 의학을 배운 후 사숙私塾 시습당時習堂을 열었다. 마키하타卷機 산기슭의 석면을 이용하여 화완포를 만들었다. 《상한론도량형고傷寒論度量衡考》 등의 저술이 있다.

그림 4. 일반주택에 사용되는 사례

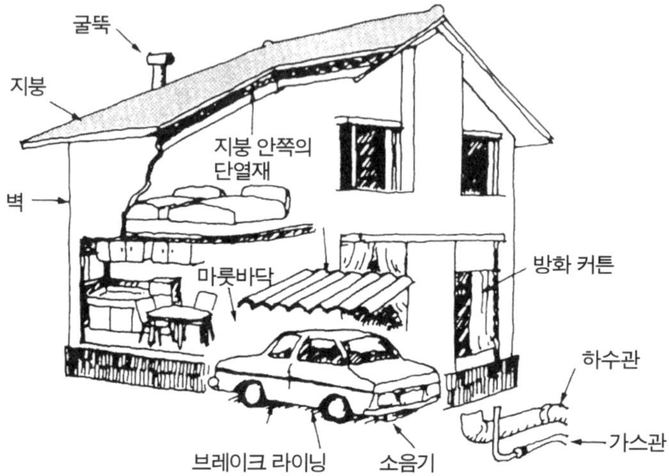

실시되었다고 한다. 철골구조물의 기둥과 들보가 노출된 경우 화재가 발생하면 열에 의해 철골의 강도가 약해지면서 붕괴되기 때문에, 철골구조물의 기둥에 석면을 직접 분사함으로써 내화성과 강도를 지키는 효과가 있다.

1964년 건축기준법의 개정 시행으로 방화·내화 구조 규정도 개정되어 고층 빌딩용의 경량내화피복재로 석면 제품이 대량으로 사용되기 시작했다. 1968년에 완성된 가스미가세키霞が関 빌딩은 일본에서 분사석면을 이용한 최초의 초고층빌딩이다.

그러나 석면 분사 작업은 작업 시 석면 비산이 심해서 작업자와 주변 환경에 영향을 미치는 탓에 1975년에 금지되었다. 석면 분사 작업 금지 후에도 석면은 계속 사용되어 1985년 시점에서 석면의 국내 총 사용량의 약 78%가 건축물 재료로 방화벽, 천정, 처마지

붕, 칸막이, 마룻바닥에 사용되었다. 1995년에는 수입된 원면 17만 8,500톤 가운데 93%가 건재 제품으로 사용되어 건축 제품의 비중이 증가하고 있다.

3) 사용 금지의 역사와 향후 과제

석면은 이렇게 폭넓게 사용되어 왔지만, 건강에 영향을 미치기 때문에 1995년 4월 1일 아모사이트, 크로시도라이트를 1중량% 이상 함유하는 제품의 수입, 제조, 사용이 금지되었다. 또 2004년 10월 1일부터 석면(크로소타일)을 1중량% 이상 함유하는 석면 시멘트 원통, 압출 형성 시멘트판, 주택 지붕용 색조 슬레이트, 섬유강화 시멘트판, 요업용 외장자재, 클러치 퓨즈, 클러치 라이닝, 브레이크 패드, 브레이크 라이닝, 접착제의 수입·제조 및 사용도 금지되었다.

수입된 석면 대부분은 건축물에 사용되었다. 그 당시 지어진 건축물 등의 내용 연수를 30년으로 보면, 향후 건축물 해체 작업이 증가할 것으로 예상되며, 해체 현장에서 배출되는 석면 함유 요업계 건자재의 양은 총 4천만 톤에 이른다. 때문에 향후에는 건축물 해체 작업 중 철저한 석면 노출 방지 대책과 석면 비산 방지 대책이 중요한 과제가 될 것이다. 해체·보수 시에는 석면 작업 책임자와 석면에 관한 전문가의 조언을 들어 사전 조사와 작업 계획 순서에 따라, 작업자와 주변 주민의 건강에 영향을 미치지 않도록 해야 한다.

또한 석면 대체품 선정 시에도 건강에 미치는 영향을 고려해야 한다. 천연섬유인 에리오나이트가 터키 중부 지방에서 악성중피종 발생률을 높였다는 보고가 있으며, 실험용 쥐를 이용한 실험에서는 중피종 발생이 보고되었다. 한편 암면岩綿/rock wool이나 광재면鑛滓綿/slag wool과 같은 인공광물섬유 역시 '길고 가늘며 폐 속에서 변질하지 않고 잔존하는 섬유는 발암성을 보인다'(Statonn-Pott 가설)고 하며, 5㎛ 이상에서 강한 발암성을 보인다. 또 2001년 국제암연구기관에서 세라믹섬유, 마이크로글래스울micro glass wool 같은 일부 인공대체섬유도 '암의 원인'이 될 가능성이 있다는 견해를 밝혔다.

5. 석면 농도 측정법

석면 측정에는 석면 함유 건재품 중의 석면 함유율을 측정하는 방법과 환경 중에 부유하는 석면 농도를 측정하는 방법이 있다. 여기서는 환경 중에 부유하는 석면 농도 측정법과 문제점을 서술하겠다. 또 석면 농도 측정법으로는 작업환경을 대상으로 하는 것과 대기환경을 대상으로 하는 것이 있으나 기본적으로는 동일하다.

1) 측정법의 개요

백색 막 여과기membrane filter의 석면을 포집하여, 아세톤을 사용하여 막 여과기를 투명하게 한 후 배율을 400배로 한 위상차현미경으로 석면 본수를 계산한다. 이 수치와 시료 공기의 흡인량으로 환경 중의 석면 농도를 구한다.

석면의 정의에서도 서술했듯이, 석면의 계수 대상은 길이 5㎛ 이상, 길이와 폭(직경)의 비가 3:1 이상으로, 폭 3㎛ 미만의 섬유상 입자이다. 이것을 석면으로 간주하고 계수한다.

2) '석면 농도'의 정확한 의미

현재 환경 중에 부유하는 석면을 위상차현미경으로 계수하는데, 위상차현미경은 형태 관찰로 섬유상 물질을 특정하고 계수하여 석면 농도를 측정하는 방법이기 때문에 석면뿐 아니라 면진, 종이섬유 등의 섬유상 물질을 석면으로 계측해 버린다.

석면을 취급하는 작업환경에서는 환경 중에 부유하는 섬유상 물질 대부분이 석면이고, 약간의 종이섬유나 작업복에서 떨어진 면섬유가 포함된다 해도 안전을 중시하는 관점에서 기존에는 위상차현미경으로 계수된 섬유상 물질을 모두 석면으로 여겨 왔다.

지금도 일반적으로 석면 농도로 측정되는 농도는 석면뿐 아니라 면진, 종이섬유 등을 포함한 총 섬유수 농도이다. 따라서 실제 석면 농도보다 높게 나올 가능성이 있다. 석면 농도를 정확하게 판단하기 위해서는 석면만을 특정하여 계수하는 위상차/편광현미경으로 농도를 측정할 필요가 있다. 위상차현미경에 의한 농도 측정은 위와 같은 특징이 있으나, 바꿔 생각하면, 이 방법으로 측정한 석면 농도 측정치가 10f/L 이하였다면 건강에 미치는 영향을 높게 잡아 평가한 결과이므로 건강에 미치는 위험은 낮다고 볼 수 있다.

정리하면 섬유상 물질의 농도 표기는 다음과 같다.

① 총 섬유수 농도 : 위상차현미경으로 구한 농도. 석면뿐 아니라 면진, 종이섬유도 석면으로 계측되므로 실제 석면 농도보다 높

게 평가될 가능성이 있다.

② 석면 농도 : 분산염색법 또는 위상차/편광현미경으로 석면을 특정하여 구한 농도.

6. 동일본대지진 당시 석면 비산 상황

환경성은 석면 비산 방지 대책을 목적으로, 후생노동성은 피해 건축물의 처리 작업 시 작업자의 석면 노출 방지를 목적으로 피해 건축물의 석면 사용 상황과 피해 상황을 조사하고 있다. 그 조사 결과를 정확하게 파악하고 적정한 처리가 중요하다는 인식하에 '동일본대지진 석면대책합동회의'를 설치해 검토하고 있다. 2011년 6월 30일에는 환경성과 후생노동성이 '석면 등이 분사된 건축물로부터 석면 등 비산과 노출의 철저한 방지 대책에 대하여'를 통지하였다.

후생노동성과 환경성의 피해지 조사로 석면 비산 사례와 분사 석면이 노출된 사례가 확인되었다. 이 사례는 노동자가 석면에 노출되거나 석면이 대기로 비산한 것은 아니지만, 노동자의 건강에 미치는 영향과 대기오염이 우려되어 철저한 대책을 위해 관련 사업자에 대한 지도가 이루어졌다.

1) 피해지 석면 농도 측정의 기본 방침

'동일본대지진 석면대책합동회의'의 검토 결과, 대기 중 석면 농도 조사의 기본 방침은 다음과 같이 정해졌다.

(1) 측정 지점 선정

아래의 두 종류로 분류하여 선정한다.

① 피해 주민의 석면 노출 방지와 불안 해소의 관점에서 다음 두 지점을 선정. 양자에 우선순위는 두지 않는다.

㉠ 피난소, 가설주택 주변.

㉡ 피해 자치단체에서 환경성이 매년 모니터링 조사를 실시하는 지점.

② 비산 방지 관점에서 다음 네 지점을 선정(우선순위는 ㉠㉡㉢순).

㉠전파, 반파 혹은 일부 파손된 건축물(석면 함유 빌딩, 맨션, 선박 등)로 해체, 보수 중인 현장.

㉡전파, 반파 혹은 일부 파손된 건축물 등.

㉢파쇄 중인 기와·자갈 처리 현장 및 집하장.

㉣그 밖에 측정할 필요가 있다고 자치단체가 판단한 지점.

(2) 분석 방법

다음 네 가지 방법으로 분석한다.

① 석면 모니터링 매뉴얼 제4.0판에서 규정하는 위상차현미경법으로 총 섬유수 농도를 계수한다.

② 총 섬유수 농도가 1f/L을 초과한 경우 매뉴얼이 규정하는 위상차/편광현미경법으로 확인한다. 또 처음부터 위상차/편광현미경법을 실시해도 좋다.

③ 총 섬유수 농도가 1f/L을 초과한 경우, 전자현미경법으로 확인한다.

④ 일부 측정 지점에서는 실시간 모니터링에 의한 측정을 병행한다.

2) 예비 조사

환경성은 2011년 4월 13일부터 18일에 걸쳐 미야기 현, 후쿠시마 현, 이바라키 현의 15개소 31개 측정 지점에서 석면 대기 농도에 관한 예비 조사를 실시했다. 지역별로는 미야기 현 5개소 10개 지점, 후쿠시마 현 5개소 13개 지점, 이바라키 현 5개소 8개 지점이다.

총 섬유수 농도가 1f/L을 초과한 측정 지점은 13곳이었다. 다만 석면 농도가 1f/L을 초과한 곳은 없고 석면의 농도 범위는 0.10-0.90f/L이었다. 측정 장소 가운데 최대치를 보인 곳은 기와·자갈 쓰레기 집하장(후쿠시마 현 고오리야마 시郡山市 소재)의 섬유수 농도는 12f/L이었다. 위상차/편광현미경으로 확인한 바로는, 석면 농도는 0.79f/L로, 크리소타일 0.17f/L, 크리소타일 및 크로시도라이트 이외의 석면 0.62f/L, 기타 섬유 9.7f/L이었다.

측정 결과 모든 지점에서 석면 농도는 통상 대기환경과 차이가 없었다. 미야기 현의 측정 지점에서는 모든 측정 결과가 총 섬유수 농도 1f/L이하였기 때문에 석면 농도를 따로 측정하지 않았다. 또 후쿠시마 현과 이바라키 현의 일부 지점에서 측정한 석면 농도는 통상 대기환경과 거의 다르지 않았다.

3) 제1차 모니터링 조사

(1) 조사 개요

측정 장소는 114개소, 측정 지점은 278개소이다. 그 가운데 총 섬유수 농도 1f/L이 넘은 곳은 95개소였는데 자세한 결과는 〈표 5〉에 정리하였다(표에서 석면이라고 기재한 것은 석면이 확인된 측정 지점

수이며, 계측 없음으로 기재한 것은 석면이 확인되지 않은 측정 지점 수이다). 가장 높은 총 섬유수 농도를 보인 곳은 미야기 현 도다 군遠田郡으로 59f/L이었다. 다만 이 농도는 석면이 아니라 식물계 섬유 형태 물질로 추정된다.

표 5. 총 섬유수 농도 1f/L 초과 지점

총 섬유수 농도(f/L)	측정 점수	석면	계측 없음
1-2	32	19	13
2-3	22	20	2
3-4	9	9	0
4-5	5	1	4
5-6	6	2	4
6-7	5	5	-
7-8	3	2	1
8-9	0	0	0
9-10	1	1	-
10-20	6	2	4
20-30	2	0	2
30-40	2	0	2
40-50	0	0	0
50-60	2	1	1
합계	95	62	33

(2) 석면 농도 1f/L 초과 지점

측정 장소는 4곳으로 아래와 같은 결과가 나왔다. 또 위상차/편광현미경 분석으로도 6종류의 석면을 정확하게 판별하기는 어렵고, 확실하게 분석할 수 있는 크리소타일과 크로시도라이트 외 아모사이트, 트레모라이트, 악티모라이트, 안소필라이트는 합쳐서 '크리소타일과 크로시도라이트 외'로 표기하도록 정해졌다.

① 하치노헤 시八戸市 오아자 사메마치大字鮫町 1.7f/L과 1.3f/L(모두 크리소타일과 크로시도라이트 외)

② 가미스 시神栖市 재해쓰레기 집하장 3.6f/L과 2.5f/L(모두 크리소타일과 크로시도라이트 외)

③ 이와키 시 히사노하마초久乃浜町 3.7f/L(모두 크리소타일과 크로시도라이트 외)

④ 미토 시水戸市 구舊리빈LIVIN 미토점 해체 현장 52f/L(크로시도

라이트)

보다시피 가장 높은 석면 농도를 기록한 곳은 ④이바라키 현 미토 시 구舊리빈 미토점 해체 현장이다. 좀더 상세한 내역은 다음과 같다. 배기구는 해체 건물 내 작업 현장에서 발생한 석면을 제진除塵장치를 통해 옥외로 내보내는 배출구 부근에서 측정한 결과이고, 풍하風下는 해체 작업장 주변 대기환경 중 석면 농도로, 풍하 장소의 측정 결과이다.

배기구 1: 총 섬유수 53f/L, 이 가운데 석면 농도는 52f/L
배기구 2: 총 섬유수 10f/L, 이 가운데 석면 농도는 0.45f/L
풍하 총 섬유수 6.1f/L, 이 가운데 석면 농도는 0.17f/L

배기구 1에서는 석면이 52f/L 배기되고 있어 제진 장치 정비 불량 또는 부적절하게 관리되고 있음이 분명하다. 즉 재해가 원인인 비산이 아니라 통상 해체 작업 지침을 따르지 않고 작업을 한 것이 원인이다.

(3) 총 섬유수 농도 1f/L 초과 지점 사례

총 섬유수 농도가 1f/L을 초과한 몇몇 지점에 대해 위상차/편광현미경 및 주사전자현미경(SEM)을 이용하여 분석한 결과이다.

① 이바라키 현 가미스 시 재해쓰레기 집하장 : 측정 장소는 2개소, 측정 결과는 〈표 6〉과 같다.

이 현장에서 총 섬유수 농도는 1f/L을 초과하였으며, 위상차/편광현미경으로 크리소타일, 크로시도라이트 이외 아모사이트 같은 석면을 확인하였다.

② 이와테 현 리쿠젠타카타 시 기와·자갈쓰레기 집하장 : 측정 장소는 2개소, 측정 결과는 〈표 7〉과 같다.

이 현장에서 총 섬유수 농도는 1f/L을 초과하였으며, 위상차/편광 현미경으로 석면 농도도 확인할 수 있었다. 또 석면일 가능성이 있는 섬유는 위상차/편광현미경에 의한 분석 한계를 초과하여 주사전자현미경으로 확인할 필요가 있다.

③ 후쿠시마 연구 공원 기와·자갈쓰레기 집하장 : 측정 장소는 2개소, 측정 결과는 〈표 8〉과 같다.

이 현장에서 총 섬유수 농도는 1f/L을 초과하였지만, 주사전자현미경으로 검증한 결과 석면 6종류 모두 확인되지 않았다. 그 외 대부분은 식물계 섬유였다.

4) 제2차 모니터링 조사

제2차 모니터링 조사를 실시한 측정 장소 113곳 중에 총 섬유 농도가 1f/L을 초과한 측정 지점과 위상차/편광현미경으로 석면 농도를 정량한 측정 지점은 〈표 9〉로 나타냈다.

5) 제3차 모니터링 조사

(1) 재측정 장소를 검토

제1차, 제2차 모니터링 측정 결과에 따라 재측정 장소를 검토했다. 그 결과 제3차 모니터링 측점 지점으로 ①피해 주민의 석면 노출 방지와 불안 해소 관점에서 선정한 지점, ②석면 비산 방지 관점에서 선정한 지점(쓰나미 피해에 의한 곳과, 지진 피해에 의한 곳이 있음

표 6. 이바라키 현 가미스 시 재해쓰레기 집하장 측정 결과

	총 섬유 수	크리소타일	크로시도라이트	그 외	석면일 가능성이 있는 섬유
장소1	4.6	0.05 이하	0.05 이하	3.6	0.05 이하
장소2	3.6	0.05 이하	0.05 이하	2.5	0.05 이하

0.05f/L은 측량 하한임

표 7. 이와테 현 리쿠젠타카타 시 기와·자갈쓰레기 집하장 측정 결과

	총 섬유 수	크리소타일	크로시도라이트	그 외	석면일 가능성이 있는 섬유
장소1	16.44	0.05 이하	0.05 이하	0.16	16.12
장소2	15.78	0.05 이하	0.05 이하	0.05 이하	15.25

0.05f/L은 측량 하한임

표 8. 후쿠시마 연구공원 기와·자갈쓰레기 집하장 측정 결과

	총 섬유 수	크리-소타일	크로시도-라이트	아모-사이트	트레모-라이트	악티노-라이트	안소필-라이트	그 외
장소1	2.5	ND	ND	ND	ND	ND	ND	2.5
장소2	2.4	ND	ND	ND	ND	ND	ND	2.4

ND는 계측 없음을 의미

표 9. 제2차 모니터링 조사 결과

측정 지점	총 섬유수 농도	석면 농도
이와테 현 오쓰치초大槌町		
기와·자갈 집하장 1	1.4	0.33
기와·자갈 집하장 2	6.4	2.09(트레모라이트, 악티노라이트)
이와테 현 미야코 시宮古市		
기와·자갈 집하장 1	7.5	1.27
기와·자갈 집하장 2	1.7	0.11
미야기 현 와쿠야초涌谷町		
국설國設 노노다케篦岳국 1	3.1(7월 28일)	계측 없음
국설 노노다케국 2	14.0(7월 28일)	
국설 노노다케국 1	0.9(7월 29일)	
국설 노노다케국 2	18.0(7월 29일)	
국설 노노다케국 1	2.5(7월 30일)	
국설 노노다케국 2	7.8(7월 30일)	

에 유의하여 기록함) 이외에 ③제2차 모니터링 조사에서 석면섬유 수 농도가 1f/L을 초과하고 현재도 작업 실시 중인 지점을 선정했다.

(2) 측정 지점의 설정 및 포집 횟수

측정 지점과 포집 횟수는 아래와 같다(원칙적으로 맑은 날에 측정).

① 피해 주민의 석면 노출 방지와 불안 해소 관점에서 선정한 지점

㉠ 대피소, 가설주택 주변

측정은 부지 경계 2곳으로 주풍향이 풍하인 곳으로 하여, 홀더는 풍상을 향하여 포집한다. 다만 대피소가 체육관처럼 비교적 큰 건물인 경우에는 그 주변을 부지 경계로 간주하여 포집한다. 또한 부근에 기와·자갈 쓰레기 처리장, 건축물 해체 현장 등 발생원으로 볼 수 있는 지점이 있는 경우는, 지점에서 가장 가까운, 사람들이 통행하는 한 곳을 설정하여 홀더를 발생원을 향하게 하여 포집한다. 포집 횟수는 평일 낮 1회로 한다.

㉡ 피해 자치단체에서 환경성이 매년 모니터링 조사를 실시하는 지점

- 이와테 현 모리오카 시盛岡市 주택 지역 2곳
- 이와테 현 국도 4호선 모리오카 우회도로 2곳
- 이와테 현 가마이시 시釜石市 주택 지역 2곳
- 이와테 현 도노 시遠野市 사문석 채석장 2곳
- 미야기 현 국설 노도다케 2곳
- 야마가타 현립 요네자와米沢 여자단기대학 2곳
- 야마가타 현 국도 13호선 2곳
- 후쿠시마 현 이와키 처리장 센터 2곳
- 후쿠시마 현 폐기물 처리장에서 800미터 떨어진 백그라운드 지역 2곳

포집 횟수는 평일 낮 1회로 한다.

② 석면 비산 방지 관점에서 선정한 지점

㉠ 전파, 반파 또는 일부 파손 건물 등(석면 함유 빌딩, 맨션, 학교, 병원 및 선박)으로 해체, 보수 중인 현장.

측정 장소는 작업이 실시된 시설(배출원)에서 가장 가까운 곳으로 사람들이 통행하는 곳으로 부지 경계가 아니어도 상관없다. 주풍향이 풍하 쪽인 두 곳을 선정하되, 원칙적으로 배출원에서 가능한 한 등거리로 배출원을 가로막는 장해물이 적은 곳으로 한다. 부지 모양, 부지 내 배출원 위치 등을 고려해서 작업 현장에서 일반 환경에 걸리는 부하 상황을 파악하기에 좋은 곳이 바람직하다.

작업원이 출입할 때 석면이 직접 외부로 비산하지 않도록 마련된 방(이하 '전실前室'이라 한다)의 출입구 바깥쪽과 집진·배기장치의 배기구 부근에서 각각 최소 한 곳을 측정한다. 또한 홀더는 배출원 방향을 향하게 하고 흡인유량 10L/min으로 연속 4시간 포집한다.

내부에서 봉쇄한 석면이 재난의 영향으로 노출되었으나, 작업 상태 및 재난에 의한 파손 상태를 감안하여 출입이 가능한 건물은, 오염 가능성이 가장 높은 곳 최소 한 곳을 측정한다. 이상 포집 횟수는 평일 낮 1회로 한다.

㉡ 전파, 반파 또는 일부 파손 건물 등

측정은 주풍향의 풍하 쪽 2곳으로, 거리는 원칙적으로 100-200미터로 한다. 홀더는 피해가 더욱 심각한 지역 쪽으로 육안이나 분석 결과 석면이 확인된 건물을 향하게 한다. 가능한 한 사람들이 통행하는 장소를 선택한다. 다만 배출원으로 간주되는 건물이 한 곳밖에 없는 경우 ㉠에 준하여 측정 지점을 설정한다.

또 ㉠와 마찬가지로 내부에서 봉쇄한 석면이 재난의 영향으로 노출되었으나, 재해로 인한 파괴 상태를 감안하여 출입할 수 있는 건물은 오염 가능성이 가장 높은 최소 한 곳을 측정한다. 이상 포집 횟수는 평일 낮 1회로 한다.

㉢ 파쇄 중인 기와·자갈 처리장 및 집하장

측정은 주풍향의 풍하 쪽 2곳으로, 거리는 원칙적으로 100-200미터로 한다. 홀더는 작업 현장에서 분진이 가장 많이 발생하는 곳을 향하게 한다. 가능한 한 사람들이 통행하는 장소를 선택하고 발판이 확실히 다져진 곳을 선택한다. 이상 포집 횟수는 평일 낮 1회로 한다.

(3) 조사 결과

위의 사항에 따라 실시한 제3차 모니터링 조사 결과는 다음과 같다.

측정 장소는 95개소, 측정 지점은 220곳이다. 총 섬유수 농도가 1f/L을 초과한 지점은 6곳이고, 총 섬유수 농도가 가장 높은 곳은 미야기 현 도다 군으로 39f/L이었다(다만 이 농도는 석면뿐 아니라 식물계 섬유로 인한 것으로 추정된다). 석면 농도가 가장 높게 관측된 곳은 이바라키 현 미토 시로 13f/L이었는데 해체 공사 중인 작업장이었다. 총 섬유수 농도 17f/L 가운데 13f/L이 석면이었다.

총 섬유수 농도가 1f/L을 초과한 지점은 〈표 10〉에서 보듯 6곳이다(석면 판정은 위상차/편광현미경으로 분석함), 특히 이시마키 시 석면 공사장에서 부지 경계 2지점의 총 섬유수 농도는 측정 지점 1이 0.34f/L, 측정 지점 2가 1.9f/L이었다. 다만 측정 지점 2의 석면

표 10. 총 섬유수 농도가 1f/L을 초과한 지점

측정 장소	총 섬유수 농도	석면 농도
미야코 시 석면 제거 공사장	5.5	1.4
	2.2	0.28
센다이 시 기와·자갈 쓰레기집하장	39	0
센다이 시 해체 현장	14	0.21
이시마키 시 석면 제거 공사장	28	25(아모사이트)
모오카 시真岡市 석면 제거 공사장	17	13(석면일 가능성이 있는 섬유수 농도)

단위는 f/L임.

농도는 위상차/편광현미경으로 확인한 결과 0.73f/L이었다. 제거 공사의 전실에서 측정한 결과 총 섬유수 농도는 5.1f/L로 주사전자현미경으로 확인한 결과 아모사이트 농도가 3.5f/L이었다. 배기구의 석면은 주사전자현미경으로 확인한 결과 아모사이트로 농도는 25f/L이었다. 무엇보다 부지 경계의 석면 농도가 통상 일반 대기와 거의 다르지 않은 점으로 미루어 주변 환경에 미치는 영향은 없었다고 판단된다. 이번 석면 누설 원인에 대해 환경성은, 시행 전 주의 환기, 현장 확인을 하였으며 부족한 점을 지적하고 개선시킨 후의 결과이며 집진·배기장치 불량 때문이라고 추정하고 있다.

6) 작업자의 노출 농도 조사

(1) 개인 샘플러에 의한 모니터링

작업자의 노출 측정은 다음과 같이 실시했다. 섬유수 농도는 대기환경에서의 노출 측정 방법과 같은 방법으로 구했다.

① 작업장 한 곳당 3명 측정

② '옥외 작업장의 작업환경 관리에 관한 지침'(2005년 3월 31일

부 기발基發 0331017호)에 준하여 실시. 개인 샘플러를 이용, 현재 작업 중인 시간대에서 작업자의 호흡 범위 주변의 노출 농도에 대해, 호흡유량을 1f/L로 하여 측정한다(개인 샘플러를 이용하여 6-8시간 측정을 행한 개인 노출 농도 측정이 아님).

③ 작업 시간대가 오전과 오후에 걸친 경우는 오전과 오후를 나누어 필터를 교환하여 측정한다.

④ 분진 농도가 높게 여겨질 시, 작업자의 작업에 지장이 없는 범위에서 가능한 만큼 측정용 필터를 교환한다.

⑤ 측정 시 작업 상황을 알 수 있게 사진을 촬영하고 작업 내용, 시간을 기록한다.

(2) 조사 결과

기와·자갈 임시하치장과 집하장 24곳 72명의 작업자, 건축물 해체 작업장 15곳 48명의 작업자를 측정한 결과는 다음과 같다.

①집적集積 작업자 : 작업자 72명의 평균노출 농도는 3.1f/L로 농도 범위는 0-15.45f/L이었다. 그 중에서도 노출 농도가 높은 작업장 상위 2곳의 결과는 〈표 11〉로 정리했다.

②건축물 해체 작업자 : 작업자 48명의 평균 노출 농도는 3.7f/L로 농도 범위는 1.18-14.27f/L이었다. 그중에서도 노출 농도가 높은 작업장 상위 2곳의 결과는 〈표 12〉로 정리했다.

7) 조사 결과 정리

동일본대지진 발생 시 무너진 가옥 대부분은 쓰나미로 인한 것이었고, 주택 등에 사용된 석면 슬레이트 등 석면을 함유한 제품이 바닷물로 인해 수분을 포함한 탓에 석면 비산이 어려운 상황이었

표 11. 노출 농도가 높은 작업장(집적 작업)

	작업 내용 및 작업 장소	노출 농도	석면 유무
지바 현	중기계 조작(작업 현장 중앙에서 작업)	7.13	있음
	중기계 주변에서 작업(작업 현장 중앙에서 작업)	15.45	있음
	중기계 주변에서 작업(작업 현장 중앙에서 작업)	4.75	없음
후쿠시마 현	중기계 조작(작업 현장 북쪽에서 작업)	79.51	있음
	중기계 주변에서 작업(작업 현장 북쪽에서 작업)	8.32	있음
	중기계 주변에서 작업(작업 현장 중앙에서 작업)	4.75	있음

작업장의 환경 농도는 지바 현, 후쿠시마 현 모두 3.56. 단위는 f/L

표 12. 노출 농도가 높은 작업장(건축물 해체 작업)

	작업 내용 및 작업 장소	노출 농도	석면 유무
이와테 현	중기계 조작(작업 현장 남서쪽에서 작업)	9.51	없음
	살수 작업(작업 현장 남서쪽에서 작업)	14.27	없음
	작업 현장의 작업(작업 현장 서쪽에서 작업)	3.56	없음
미야기 현	중기계 조작(작업 현장 남쪽에서 작업)	4.75	없음
	기와·자갈 운반 작업(작업 현장 중앙에서 작업)	13.08	없음
	기와·자갈 운반 작업(작업 현장 중앙에서 작업)	14.27	없음

이와테 현의 해체 작업장 옥외 지점의 환경 농도는 16.64. 미야기 현의 작업장 환경 농도는 2.37. 단위는 f/L

다. 실제로 지진 후 한동안 피해 지역의 대기환경 중 석면 농도는 재난 발생 이전과 거의 다르지 않은 상황이었다. 재난 발생 후 몇 개월이 지나고 집하장 등에 모인 석면 슬레이트 같은 석면 함유 제품이 건조되면서 이전보다 비산하기 쉬워지므로, 대기환경 중 석면 농도가 변화할 것으로 생각했는데, 일부 측정 지점을 제외하면 석면 농도는 통상 대기환경에서의 석면 농도와 거의 같았다.

석면이 확인된 작업장 대부분은 지진으로 무너진 빌딩의 해체 작업 혹은 보수를 해야 하는 빌딩의 작업 현장이었다. 이런 빌딩은 대부분 내화성을 위해 분사석면을 사용한 건물이었다. '건축물 해체 시 석면 비산 방지 대책 지침'에 준한 해체 작업을 했다면, 대기

환경으로 석면이 누설되지 않겠지만 재해로 인해 해체 작업 전문가가 아닌 이도 해체 작업을 했을 것으로 생각된다.

분류되지 않고 집하장에 모인 재해폐기물 처리 작업장이 증가하여 향후 작업장에서의 석면 비산 위험도 있다. 더욱 강화된 감시와 지속적인 석면 농도 조사가 필요하다.

7. 결코 잊어서는 안 되는 석면의 공포

이상에서 살펴본 대로 대기환경 중의 석면 비산 상황 조사 결과에 따르면 많은 측정 지점에서 석면 농도는 일반 대기환경에서의 석면 농도와 거의 비슷하였다.

그렇다고 해서 안심할 수 있다고 속단해서는 안 된다. 제2절에서 서술한 대로 노출 농도와 노출 시간에 따른 누적 노출 농도가 건강과 깊게 관련된다는 점, 또 석면 종류에 따라서도 몸에 미치는 영향이 다르다는 것을 인식하고, 석면이 건강에 미치는 영향을 판단하는 것이 중요하다.

최근 점차 재난 관련 사항에 대한 관심이 옅어지는 것 같다. 석면에 대해서도 마찬가지다. 분진이 일으키는 진폐나 석면폐는 30년이라는 긴 잠복 기간 후에 나타난다. 그 무서움을 일상생활에서 잊지 않는 것이 중요하다.

참고문헌

大島秀利,《アスベスト 広がる被害》, 岩波新書, 2011年.

環境省水·大気環境局環境課,《アスベストモニタリングマニュアル》, 第4.0版, 2010年.

環境省·厚生労働省,《東日本大震災アスベスト対策合同会議の配布資料》, 2011年.

建設業労働災害防止協会,《建築物の解体等工事における石綿粉じんへのばく露防止マニュアル》, 建設業労働災害防止協会, 2005年.

中央労働災害防止協会,《石綿障害予防規則の解説》, 中央労働災害防止協会, 2005年.

名古屋俊士,《骨材資源》, No.53, 骨材資源工学会, 1982年, pp.33-44.

ジョセフ·ニーダム著, 東畑精一他監修,《中国の科学と文明第6巻地の科学》, 思索社, 1988年, pp. 186-194.

林久人,《汚染から人体がまもれるか—人体のなかから鉱物学》, 共立出版, 1974年.

平賀源内,《火浣布説 平賀源内全集(上)》, 名著刊行会, 1970年, pp.199-200.

三浦豊彦,《労働の科学》, vol.42, no.12, (財)労働科学研究所, 1985年, pp.66-67.

森永謙二 編,《アスベスト汚染と健康被害》, 日本評論社, 2005年.

森永謙二 編,《職業性石綿ばく露と石綿関連疾患—基礎知識と労災補償》, 改訂新版, 三信図書, 2005年.

森永謙二·岸本卓巳,《産業保健21》, no.41, 2005, pp.8-11.

森本泰夫,〈人造鉱物繊維の発ガン性について—国際がん研究機関(IARC)の報告〉,《産業医学ジャーナル》, vol.3 no.3, 2002年, pp.63-71.

山谷恒夫編集,《せきめん読本》, (社)日本石綿協会, 1996年.

労働省労働基準局安全衛生部化学物質調査課監修,《石綿代替繊維とその生体影響》, 中央労働災害防止協会, 2005年.

櫻井治彦 他,〈アスベスト対策—'石綿障害防止規則'をふまえて〉,《労働の科学》, vol.60, no.7, (財)労働科学研究所, 2005年, pp.9-66.

Berry, G., *Larc Sci Pubi*, 8, 1973, pp.145-149.

Hammond, E.C., "Smoking in Relation to the Death Rates of One Million Men and Women", *Natl Cancer inst Monogr.* 19, 1996, pp.127-204.

Selikoff, I.J., E.C.Hammond, J. Chury, "Asbestos Exposure, Smoking and Neoplasia", *J. Am. Med. Assoc.* 204, 1968, pp.104-110.

제 3 장

방출된 방사성물질의 행방
—후쿠시마 제 1 원전 사고가 환경에 미치는 영향

후쿠시마 제1원전 3호기 원자로 건물

오코치 히로시大河内博

1. 눈에 보이지 않는 물질에 대한 불안

1) 후쿠시마 제1원전 사고에 따른 혼란의 지속

2011년 3월 11일을 경계로 일상생활이 일변했다. 텔레비전을 켜면 일기예보처럼 '각지의 방사선량은 1시간 당 ○○시버트(Sv)입니다'라는 말이 흘러나온다. 신문에도 매일 방사선량이 게재되고 핫 스팟과 마이크로 스팟[1] 같은 용어가 눈에 띈다. 3월 11일 이전에는 전문

1 옮긴이—핫스팟이란 원전에서 유출된 반방사성세슘 등이 날씨나 지형의 영향을 받아 확산되어 주변에 비해 방사선량이 높아진 지점을 가리킨다. 전 원자력위원회 전문위원인 다케다 구니히코武田邦彦 교수에 따르면 방사선을 방출하는 원소를 '핫 아톰'이라 부르며 핫 스팟은 핫 아톰이 다수 모이는 장소를 의미한다. 마이크로 스팟이란 주변보다 높은 수치의 방사선량이 측정된 곳을 가리킨다.

가가 아니면 듣지 못했던 용어와 단위가 지금은 완전히 익숙해졌다.

대지진 직후에 발생한 거대한 쓰나미로 도쿄전력 후쿠시마 제1원자력발전소(이하 후쿠시마 제1원전)는 심대한 피해를 입었다. 그 결과 대량의 방사성물질이 대기 중으로 방출·확산되어, 후쿠시마 현은 물론이고 일본 국내뿐 아니라 멀리 유럽까지 이르러 세계 규모로 오염을 일으켰다. 원자력 안전·보안원의 계측에 의하면 요오드 131환산치로 77만 테라베크렐(TBq, 테라는 10의 12승, 베크렐은 방사선을 나타내는 단위)의 방사성물질이 방출되었다. 이는 체르노빌 원전 사고로 인한 방사성물질 방출량의 15%에 해당한다.

1986년 발생한 체르노빌 원전 사고는 운전 중이던 원자로 내에서 핵분열 연쇄 반응이 폭주하여 대폭발이 일어났다. 그 후 원자로 내 감속재로 사용되던 흑연이 연소하여 화재가 10일 동안 계속됐다. 그 기간 동안 요오드 131과 세슘 137 등 방사성물질이 대량으로 방출됐다. 사고 직후 원자로 내에서 작업하던 28명이 3개월 내 사망하고, 사고 발생 4년 후에는 아이들에게 갑상선 암이 급증했다. 광범위한 농지가 오염되고 삼림에서는 방사성물질이 순환하여 25년이 지난 지금도 사고 현장 주변 환경에 남아 있다.

노다 요시히코野田佳彦 총리는 후쿠시마 제1원전 사고 수습을 위해 공정표 2단계 완료 후 2011년 12월 16일에 냉온 정리를 선언했다. 그러나 환경으로 방출된 방사성물질의 제염은 진행되지 않아 후쿠시마 현에서는 9만 명이 넘는 주민이 부득이하게 피난생활을 이어가고 있다(동일본대지진 부흥대책본부사무국, 2011년 12월 7일). 2012년 1월 2-3일에는 후쿠시마 현에서 방사성세슘 강하량이 갑

자기 한 자릿수 늘었다(문부과학성·방사선모니터링 정보). 방사성물질이 새로 방출된 것인지, 이미 환경으로 방출되어 일단 지면에 침착한 방사성물질이 다시 비산한 것인지 원인은 밝혀지지 않았다. 후쿠시마 제1원전 사고에 관계된 문제는 수습 중이라고 할 수 없는 상태이다.

2) 방사선과 방사능에 대한 올바른 이해의 중요성

2011년은 기묘하게도 방사능 연구의 선구자 마리 퀴리가 노벨화학상을 수상한 지 100주년이 되는 해이다. 전문가들은 '즉시 건강에 영향을 미치는 것은 아니다. 방사선을 두려워하되 올바로 알아야 한다'고 하지만 '언젠가는 영향이 나타나는 것 아닌가. 무서운 것은 사실'이라며 '눈에 보이지 않는' 방사성물질에 불안해하면서 생활하는 국민이 많다. 일본은 세계 유일의 피폭국이기에 방사선·방사능에 대한 공포심이 강한 면도 있을 것이다. 방사선·방사능에 대한 불안은 불식할 수 없다 하더라도 필요 이상으로 걱정하여 스트레스를 받거나 풍문 피해[2]를 막기 위해서는 방사선과 방사능을 올바르게 이해해야 한다.

필자는 원자력이나 방사선·방사능 전문가가 아닌 환경화학 연구자이다. 환경화학은 환경오염 물질이 어디에 얼마나 있는지(발생원 특정 지점과 시공간 분포), 지구상을 어떻게 이동하는지(환경오염물질의 운송·확산), 그리고 이동 과정에서 자연 환경에 미치는 영향

2 옮긴이—풍문 피해란, 근거 없는 소문으로 받는 피해를 가리킨다. 특히 사건, 사고 발생 시 부적절한 보도로 무관한 개인이나 단체까지 손해를 입는 것을 말한다.

(환경영향기구)을 해명하는 학문이다. 환경화학 입장에서 보면 방사성물질이 '눈에 보이지 않는' 것은 다른 환경오염 물질과 마찬가지이다. 현재 많은 국민들이 불안해하는 저선량低線量 방사선이 건강에 미치는 영향은 고려하면, 방사선은 특별한 물질이 아니라 인체에 악영향을 미치는 환경 요인의 하나이다.

이 장에서는 고등학교 수준의 물리, 화학 지식으로 이해할 수 있도록 방사선과 방사능의 기초 사항을 정리하고, 환경화학의 시점에서 육상 생태계에 방출된 인공 방사성물질의 동태와 제염법에 대해 현재 알려진 견해를 소개하겠다. 지면상 원자력 발전, 자연 방사능, 방사선의 인체 영향, 방사선 방호, 식품 기준치에 대해서는 다른 기회를 기다리겠다.

2. 방사선과 방사능에 대한 기초지식

1) 원자의 구조

원자는 10^{-10}m 정도의 크기로, 10^{-14}m 정도의 원자핵과 그 주위를 회전하는 전자로 구성된다. 원자핵은 무게가 거의 비슷한 양자와 중성자로 구성된다. 양자는 정正전하를 가지며 중성자는 전하가 없고, 전자는 부負전하를 갖는다. 양자와 전자는 각각 정부正負의 절대치가 같은 전기량을 가지며 한 개의 원자가 갖는 양자 수와 전자 수는 같기 때문에 원자 전체는 전기적으로 중성이다. 양자와 전자가 갖는 전기량은 전기의 최소 단위이며, 전기소량 e(e=1.60×10^{-19}C)

라고 한다.

양자와 중성자의 질량은 거의 같으며, 원자질량 단위 u($u=1.66\times10^{-27}kg$)를 이용하면 양자의 질량은 1.0073u, 중성자의 질량은 1.0087u이다. 한편 전자의 질량은 매우 작아 양자와 중성자 무게의 1860분의 1이어서 원자의 질량 대부분은 원자핵에 의한다. 따라서 원자의 질량은 양자 수와 중성자 수의 합으로 결정되는데 이를 질량 수라고 한다. 원자의 물리적 성질은 질량 수로 결정되며 원자의 화학적 성질은 원자가 갖는 전자 수, 즉 양자 수로 결정된다. 이 수를 원자 번호라고 하며 기호 Z로 표시한다.

$$\text{질량 수}(A) = \text{양자의 수}(Z) + \text{중성자의 수}(N) \qquad \langle 3.1 \rangle$$

대부분의 원소는 원자 번호가 같고 질량 수가 다른 몇 종류의 원자로 구성된다. 이렇게 원자 번호가 같고 질량 수가 다른 원자를 동위체 또는 핵종이라고 한다. 어떤 종류의 원자는 불안정하여 다른 원자로 바뀌는 것이 있는데 이를 방사성동위체(radio-isotope) 또는 방사성핵종이라고 부른다.

2) 원자핵의 붕괴와 방사선의 방출

(1) 방사선이란

어떤 원자가 고에너지의 광자(전자파)나 입자를 방출하여 다른 원자로 바뀌는 현상을 방사성 괴변, 줄여서 괴변壞變이라고 한다. 이 고에너지를 가진 입자나 광자(전자파)를 방사선이라고 한다. 일반적으로 말하는 방사선이란 방사선이 물질을 통화할 때에 그 물질을 전리電離(원자에서 전자가 떨어진 상태)하는 능력을 가진 전리방사선을 가리킨다.

방사선은 α선(헬륨원자핵, ${}^{4}_{2}He$)과 β선(전자)의 정 또는 부의 전하를 가진 하전입자선荷電粒子線, 중성자선, 중성미자(뉴트리노neutrino) 등의 전하를 갖지 않는 중성입자선, γ선이나 X선의 광자(전자파)로 분류된다. 눈에 보이는 가시광선, 적외선, 마이크로파와 라디오파 같은 전파도 전자파이나, 물질을 전리할 수 없기 때문에 방사선에 포함되지 않는다(전문적으로는 비전리방사선이라 부른다).

(2) 괴변의 종류

주된 괴변은 α선을 방출하는 α괴변, 선을 방출하는 β괴변, γ선을 방출하는 γ괴변이 있다. α괴변에서는 원자 번호가 2, 질량 수가 4 감소한 원자핵이 생성되고, β괴변에서는 원자 번호가 1 증가하고 질량 수가 변하지 않는 원자핵이 생성된다. γ괴변에서는 여기勵起 상태(에너지 상태가 매우 불안정한 상태)에 있는 원자핵에서 γ선이 방출되어, 기저基底 상태(에너지 상태가 낮은, 좀더 안정적인 상태)의 원자핵이 생성된다. 다만 γ괴변에서는 원자핵 파괴 같은 큰 변화가 없기 때문에, 최근에는 핵이성체천이核異性體遷移라고 부른다. 아래는 핵괴변의 예이다. ${}^{137m}_{56}Ba$의 질량 수 뒤의 m은 준안정 상태(metastable)을 나타낸다.

α괴변 : ${}^{238}_{92}U \rightarrow {}^{234}_{90}Th + {}^{4}_{2}He$

β괴변 : $^{137}_{55}Cs \rightarrow {}^{137m}_{56}Ba + e^{-} + 0.514\ MeV$
γ괴변 : $^{137m}_{56}Ba \rightarrow {}^{137}_{56}Ba + \gamma(0.062\ MeV)$

(3) 원자핵의 에너지

원자핵의 질량은 그것을 구성하고 있는 양자와 중성자의 질량의 합보다 작다. 이것은 양자와 중성자를 한 덩어리로 두는 데 에너지가 사용되기 때문이다. 이 에너지를 원자핵의 결합에너지라고 한다. 결합에너지는 정지에너지이므로 다음 수식으로 구할 수 있다.

$$E = mc^2 \quad \langle 3.2\rangle$$

여기서 에너지 E의 단위는 줄(J, joule)이고 m은 물체의 정지질량(kg), c는 진공 중의 광속으로 2.998×10^8m/s이다.

방사선이 가진 에너지를 나타내는 데 전자볼트(일렉트론볼트, eV)라는 단위를 사용한다. 이것은 전자가 1볼트 전위차(전압)로 가속될 때 얻는 에너지이다. 앞서 말한 대로 전자가 가지고 있는 전하(전기소량) e는 1.60×10^{-19}C이므로 SI단위로 환산하면 다음과 같다.

$$1eV = 1.60 \times 10^{-19}CV = 1.60 \times 10^{-19}J \quad \langle 3.3\rangle$$

3) 방사능의 감쇠와 반감기

(1) 방사능이란

방사능이란 '방사선을 방출하는 성질이나 능력'인데 방사선을 가진 원자(방사성핵종)을 포함한 물질을 일반적으로 방사성물질이라고 한다. 언론보도에서 '방사능이 누출되었다'처럼 방사능과 방사성물질을 같은 의미로 쓰고 있는 경우가 있다. 후쿠시마 제1원전에서 방출되어 환경 중으로 광범위하게 확산된 것은 방사성물질이며, 1999년 도카이무라東海村 우라늄 연료 가공 시설의 임계 사고로 누출된 것은 중성자선과 γ선의 방사선이었다.

방사능의 단위는 베크렐(Bq)이 쓰이는데 '1초 동안 괴변하는 (방사선을 방출하는) 원자핵의 수'를 나타낸다. 단위시간당 괴변수는 괴변율이라고도 하는데, 단위로는 dps(disintegration per second)와 dpm(disintegration per minute)가 사용된다. Bq와 dps는 같다. 예전에는 방사능 단위로 퀴리(Ci)를 사용했는데 1g의 라듐 226(^{226}Ra)이 가진 방사능을 1Ci로 정의하였다. 퀴리와 베크렐은 다음과 같이 환산할 수 있다.

$$1\ \mathrm{Ci} = 3.7 \times 10^{10}\mathrm{Bq} \qquad \langle 3.4\rangle$$

(2) 반감기

어떤 물질의 방사능은 시간에 따라 감소한다. 방사성핵종이 N개 존재할 때, 그 원자가 괴변으로 인해 감소하는 속도는 원자 수에 비례한다. 비례정수를 λ라고 하면 다음과 같은 식이 성립한다.

$$\frac{dN}{dt} = -\lambda N \qquad \langle 3.5\rangle$$

좌변은 단위시간당 괴변 수, 즉 괴변율인데 방사능 자체이다.

$t = 0$일 때 원자 수를 N_0이라 하면 시간 t의 원자 수 N은 다음의

식으로 구할 수 있다.

$$N = N_0e^{-\lambda t} \qquad \langle 3.6\rangle$$

비례정수 λ를 괴변정수(혹은 붕괴정수)라고 하며, 괴변정수는 방사성핵종별로 고유 수치가 있다. 또 처음 존재했던 원자 수 N_0이 반으로 줄어드는 시간을 반감기 $t_{1/2}$라고 한다. 괴변정수와 반감기 사이에는 다음과 같은 관계가 있다.

$$t_{1/2} = 0.693/\lambda \qquad \langle 3.7\rangle$$

〈그림 1〉은 방사능의 감소 양상을 반감기로 나타낸 것이다. 반감기는 방사능이 반으로 줄어드는 데 걸리는 시간인데, 시간이 두 배 지난다고 해서 방사능이 완전히 없어지는 것은 아니고 당초 방사능의 1/4이 된다. 거기에 또 반감기의 시간이 지나면 1/8이 된다.

〈표 1〉은 후쿠시마 제1원전 사고로 대기 중으로 방출된 것으로 확인된 방사성핵종 4종과 우라늄 238의 반감기를 나타낸 것이다. 핵연료로 사용되는 것은 우라늄 235인데 천연 우라늄에는 0.7%만 함유되어 있다. 요오드 131은 반감기가 짧아서, 원전 사고 직후가 문제가 되며 1개월 후에 방사능은 7% 정도가 된다. 현재 문제시되는 것은 반감기가 더 긴 세슘 137이며, 방사능이 반으로 줄어드는 데 30년이나 걸린다.

그림 1. 방사능의 반감기

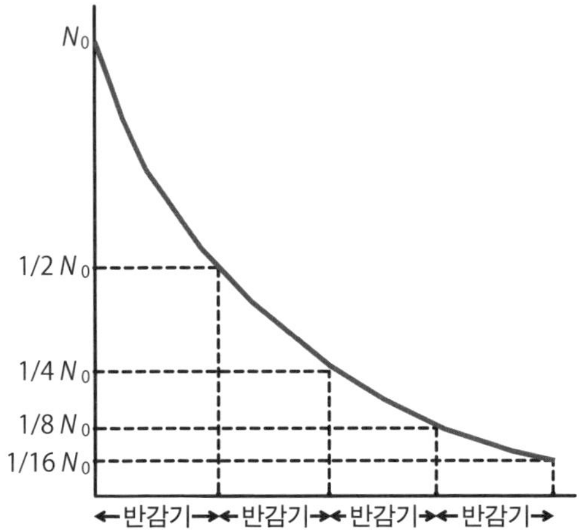

표 1. 반사성핵종의 반감기

방사성핵종		반감기
요오드 131	^{131}I	8.0일
스트론튬 90	^{90}Sr	29년
세슘 137	^{137}Cs	30년
플루토늄 239	^{239}Pu	2.4만 년
우라늄 238	^{238}U	45억 년

(3) 방사선과 방사성핵종의 질량

방사능의 단위인 베크렐은 친숙하지 않아 감각적으로 큰지 작은지 알기 어렵다. 1베크렐의 방사능을 가진 방사성핵종이 어느 정도의 질량에 상당하는지 생각해 보자.

어떤 방사성핵종 1개의 질량 수를 A, 어떤 방사성핵종의 원자 수 N에 상당하는 질량은 w, 원자 질량 단위를 u, 아보가드로 정수를 $N_A(6.022\times10^{23}mol^{-1})$라 하면,

$$w = A \times N \times \mathrm{u} = A \times N \times \frac{1}{\mathrm{N_A}} \qquad \langle 3.8 \rangle$$

한편 〈3.5〉식을 변형하면

$$N = \left(\frac{-dN}{dt}\right)\left(\frac{1}{\lambda}\right) \qquad \langle 3.9 \rangle$$

1베크렐의 방사능이란 〈3.9〉식에서 dt를 1s로 할 때, $-dN$이 1인 것을 말한다. 따라서 〈3.7〉식, 〈3.8〉식 〈3.9〉식으로 부터

$$w = \frac{At_{1/2}}{0.693 \times 6.002 \times 10^{23}} \ (\mathrm{g/Bq}) \qquad \langle 3.10 \rangle$$

그러므로 1베크렐의 방사능을 가진 방사성핵종의 질량은 〈3.10〉식으로 구할 수 있다.

원자력안전·보안원의 추계에 따르면 후쿠시마 제1원전에서 요오드 131은 1.7×10^{17}베크렐, 세슘 137은 1.6×10^{16}베크렐이 방출되었다. 〈3.10〉식에서 요오드 131과 세슘 137의 질량을 구하면 요오드 131이 37g, 세슘 137이 5.0kg가 방출된 것이다.

원자력안전위원회가 식품 중 방사성물질의 잠정 기준으로 정한 것은, 음료수에는 요오드 131이 1kg당 300베크렐(300Bq/kg), 세슘 137이 1kg당 200베크렐(200Bq/kg)이다. 〈3.10〉식을 이용하면 300베크렐의 요오드 131 질량은 6.5×10^{-14}g, 200베크렐의 세슘 137 질량은 6.2×10^{-11}g에 상당한다. 농도로 환산하면, 물의 밀도는 1g/ml이므로 요오드 131이 6.5×10^{-14}g/L(0.065ppt), 세슘 137이

6.2×10^{-11}g/L(62ppt)로 극히 저농도이며 초고속감도 분석 장치로도 이 정도의 농도를 정확하게 계측하기는 어렵다.

4) 방사선과 물질의 상호작용

(1) 방사선의 성질

방사선은 물질을 통과할 때 그 물질을 구성하는 원자가 가진 전자와 상호작용을 하여 원자를 전리 혹은 여기시켜 에너지를 잃어버린다. 방사선이 물질을 통화하는 경로는 비적飛跡, 방사선이 물질을 비행하여 에너지를 잃어버릴 때까지 도달하는 거리를 비정飛程이라 한다. 비정은 물질의 종류와 방사선의 에너지에 의존한다. 한편 방사선이 흡수되지 않고 물질을 통과하는 성질을 투과력(투과작용)이라고 한다.

〈그림 2〉는 방사선의 종류와 투과력을 보여 주는 데 투과력이 가장 강한 것이 중성자선, 다음으로 γ선과 X선, β선, α선순이다. α선은 물질과의 상호작용이 가장 강하며 물질에 에너지를 공급하고

그림 2. 방사선의 종류와 투과력

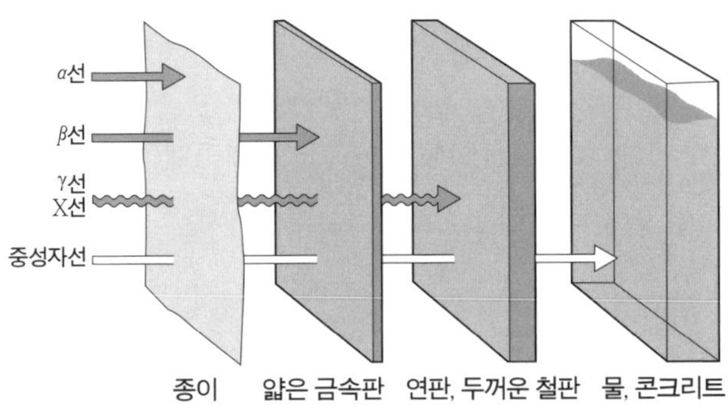

출처: 《원자력에너지 도면집 》1011년판을 일부 수정

자신은 에너지를 잃기 쉽다. 그래서 종이같이 얇은 물질에도 간단히 흡수되고 만다. β선의 투과력은 α선보다는 강하지만 알루미늄판같이 얇은 금속판으로 차폐遮蔽시킬 수 있다. γ선의 투과력은 물질의 밀도에 크게 의존하므로 납이나 두꺼운 철이 아니면 차폐시킬 수 없다.

α선도 β선도 하전입자선이므로 전리 작용은 크론력에 따른 전기적 작용이다. α선과 β선의 큰 차이는 질량에 있다. α선의 본체인 헬륨은 질량이 전자에 비해 약 7,500배나 크다. β선의 본체는 전자이다. 따라서 α선은 물질을 통과할 때 원자 중의 전자와 충돌을 반복해도 진행 방향은 달라지지 않고 직진하지만, β선은 전자와 충돌할 때마다 운동 방향이 크게 변화하여 에너지를 잃어버릴 때까지 지그재그 운동을 반복한다. α선의 비정은 공기 중에서 수 cm-10cm 정도, 수중에서는 0.1mm 이하이며, β선의 비정은 공기 중에서 수백 cm-4,000cm 정도, 수중에서는 수 mm-50mm 정도이다.

γ선은 광자(전자파)이며 전하도 정지질량도 없어서 물질의 구성원자와 상호작용을 일으킬 확률은 작지만, 산란이나 광전효과로 인해 원자를 전리 혹은 여기하여 그 강도가 줄어든다. γ선의 에너지가 0.2-2MeV면 강도가 100분의 1이 되는 두께는 물인 경우 50-140cm, 콘크리트면 24-68cm, 연판鉛版이면 0.7-14cm 정도이다.

(2) 방사선이 생물에 미치는 영향

생물이 방사선을 쬐면 방사선이 가진 에너지로 인해 생체를 구성하는 원자의 전리나 여기를 일으켜(물리적 과정), 그 결과로 생체분자나 세포를 감싸고 있는 물분자에 화학적 변화를 일으켜(화학적 과정), 생체분자에 발생한 변화가 생물적 수식修飾을 받아 최종적으로 생체에 영향을 미친다(생물화학적 과정).

방사선이 세포에 미치는 중요한 영향으로는, 유전 정보를 관장하는 DNA에 미치는 영향과, 세포를 구성하는 주요 성분인 물분자에 미치는 영향이 있다. 전자를 직접효과라고 하고 방사선으로 물분자에서 생성된 활성종(수화전자 e_{eq}-, 수소 라디칼 H, 수산화 라디칼 OH, 과산화수소 H_2O_2 등)이 DNA를 변화시키는 것은 간접효과라고 하는데, 후자의 영향이 크다.

방사선이 인체에 미치는 영향으로는, 피폭 후에 단기간에 장해가 나타나는 급성장해와 장시간이 지난 후 나타나는 만성성 장해가 있으며 확정적 영향과 확률적 영향으로 분류된다. 확정적 영향은 피부장해, 백내장, 불임 등 대량의 세포가 죽음으로써 장기 중 세포의 기능 부전 혹은 기능 상실을 일으키는 신체적 영향이다. 확정적 영향에는 어떤 방사선량을 쪼이면 증세가 발생하는 역치閾値가 존재한다. 한편 확률적 영향은 세포 한 개의 변화에 기인하며 암과 같은 신체적 영향 혹은 유전적 영향으로 발현한다.

5) 방사선량의 단위

방사선이 생물과 인체에 미치는 영향을 평가하기 위해 이용되는 흡수선량, 등가선량, 실효선량에 대해 설명하겠다.

(1) 흡수선량

방사선과 물질의 상호작용으로 방사선의 에너지 전부 혹은 일부가 물질로 흡수된다. 방사선을 쬔 물질이 흡수한 에너지량을 흡수선량이라고 하며 Gy(그레이)로 표시한다. 1Gy는 물질 1kg당 1J의 에너지를 흡수한 때의 양이다. 흡수량은 물질에 대해서도 인체에 대해서도 이용할 수 있는 물리량이며 물리적으로 계측 가능한 방사선량이다. 어떤 물질이 방사선에서 흡수한 에너지 E를 그 물질의 질량 M으로 나눈 것이 흡수선량 D이다.

$$D = E/M \qquad \langle 3.11 \rangle$$

(2) 등가선량

인체에 미치는 영향을 생각하면 흡수선량이 같더라도 방사선의 종류와 에너지의 차이에 따라 조직과 장기에 미치는 영향의 정도는 달라진다. 방사선이 인체에 미치는 영향을 나타내기 위해서는 등가선량이 사용된다. 등가선량의 단위는 Sv(시버트)이다. 등가선량 H는 각 조직·장기의 흡수선량 D에 〈표 2〉로 나타낸 방사선하중계수 w_R(방사선 종류에 따라 위험도가 다른 상대적인 수치)를 곱하여 산출한다.

$$H = w_R D \qquad \langle 3.12 \rangle$$

등가선량은 에너지를 흡수한 조직·장기의 종류에는 의존하지 않는다. 단일 방사선이 아니고 복수의 방사선에 피폭된 경우, 개개의 방사선의 등가선량에 대해 총합을 취한다. 이것을 전全등가선량 H_T라고 한다.

$$H_T = \sum w_R D \qquad \langle 3.13 \rangle$$

표 2. 방사선하중계수 w_R

방사선의 종류	방사선하중계수 w_R
α선	20
β선, γ선	1
중성자	2.5–20

2007년도 ICRP 권고

표 3. 조직하중계수 w_T

조직·장기	w_T	Σw_T
골수, 대장, 간, 위, 유방, 나머지	0.12	0.72
생식선	0.08	0.08
방광, 식도, 간장, 갑상선	0.04	0.16
골표면, 뇌, 타액선, 피부	0.01	0.04
합계		1.00

2007년도 ICRP 권고

(3) 실효선량

방사선의 영향은 방사선의 차이를 방사선하중계수로 고려해도 피폭하는 조직과 장기에 따라 차이가 있다. 조직·장기에 따라 방사선을 흡수하기 쉬운 정도를 네 단계로 나누어 모든 장기에 할당한 상대치를 조직하중계수 w_T라고 한다(표 3). 모든 장기의 계수 합은 1이다. 조직하중계수는 각 조직·장기의 암 발생률과 암에 의한 수명 손실(각 조직·장기가 치사암에 걸리지 않는 경우의 평균 여명과 치사암에 걸린 경우의 평균 여명의 차)의 비율을 근거로 산출된다.

각 조직·장기의 전등가선량 H_T와 조직하중계수 w_T의 곱을 전 조직·장기로 더한 수치를 실효선량 E_T라고 하며, 다음과 같이 계산한다. 실효선량은 몸 전체에 미치는 방사선의 영향의 정도이다.

$$E_T = \sum w_T H_T \qquad \langle 3.14 \rangle$$

실효선량은 방사선 피폭에 의한 암의 치사 효과를 개인별로 평가하기 위해 도입된 방사선량으로, 방사선 방호를 위해 사용된다. 단위는 등가선량과 같은 Sv(시버트)이다.

표 4. 방사능과 방사선에 관한 단위

양	구舊단위	신단위	구단위와 신단위의 관계
방사능	퀴리(Ci)	베크렐(Bq) 1Bq = $1s^{-1}$	1Ci = 3.7×10^{10}Bq
흡수선량 : D	라드 (rad) 1 rad = 100erg/g	그레이(Gy) 1Gy = 1J/kg	1 rad = 10^{-2}Gy
등가선량: $H = w_R D$	렘(rem)	시버트(Sv)	1 rem = 10^{-2}Sv
실효선량: $E_T = \Sigma w_T H_T$			

rad는 roentgen absorbed dose, rem은 roentgen equivalent man의 약자

(4) 정리

이상 서술한 방사선량과 방사능의 단위를 〈표 4〉로 정리하였다.

3. 방사선량의 계측 — 방사선 검출기 비교

후쿠시마 원전 사고 이후 방사선을 계측하는 장면이 종종 눈에 띈다. 방사선 검출기는 일반적으로 서베이미터Survey Meter라고 부르는데 검출 방법에 따라 몇 종류가 있다.[3] 특징을 〈표 5〉로 정리했다.

(1) GM식

검출기의 이름 '가이거 뮬러Geiger-Müller 계수관'에서 유래했다. GM식은 1초, 1분 등 일정 시간의 카운트(계수율)를 측정한다. 1초간 카운트는 cps(카운트/초)이며 1분간 카운트는 cpm(카운트/분)으로

3 옮긴이—방사선 검출기는 방사선 측정기, 방사선 계측기라고도 하는데, 방사선이 물질에 남긴 변화를 쉽게 확인할 수 있는 전류나 전압 등의 전기적인 신호로 바꾸는 장치이다. 방사선이 어떻게 또 어디에 변화를 남기게 하느냐에 따라 기체 검출기, 섬광 검출기, 반도체 검출기로 분류된다. 본문에 나온 GM식은 기체 검출기 중의 하나이고, 신틸레이션식은 섬광 검출기를 가리킨다.

표 5. 검출기의 종류와 특징

검출기	검출선종	측정 범위	비고
GM식	β선 γ선	0-999,999cpm	표면오염 측정. 방사성물질을 다루는 시설에서 사용됨.
신틸레이션식	γ선	0.01-30 μSv/h	공간선량률 측정. 방사성물질을 다루는 시설 이외 환경 측정에 사용됨.
전리상자식	β선 γ선 X선	1 μSv/h-300mSv/h	공간선량률 측정. 시설 내 조사선량의 감시나 누설선량 측정에 사용됨.
반도체식 개인선량계	γ선	1 μSv/h-10Sv/h	방사성물질을 다루는 시설에서 개인피폭량 측정에 사용됨.

표시한다. 원자핵 붕괴로 방출된 방사선 일부를 측정하며, 이 카운트 수에서 베크렐(Bq 즉, dps) 혹은 dpm을 도출하기 위해서는 측정기의 검출 효율을 고려한 보정이 필요하다. 후술하는 전리상자식에 비해 고감도이다.

(2) 신틸레이션scintillation식

방사선의 섬광작용을 이용한다. 신틸레이터라 불리는 물질은 방사선 흡수로 얻은 에너지를 빛의 형태로 방출한다(신틸레이션). 신틸레이터로는 요오드화나트륨sodium iodide에 미량의 탈륨이온을 첨가한 NaI(Tl)이 γ선에 대해 효율이 높아 자주 사용된다.

신틸레이션식으로 측정하는 것은 공간선량률空間線量率이다. 공기 1kg가 몇 줄(J)의 에너지를 흡수하는지를 공기흡수선량이라고 하며 단위는 Gy(그레이)이다. 1시간당 공기흡수선량을 공기흡수선량률이라고 한다. 공기흡수선량률은 어떤 공간의 방사선 강도를 나타내므로 공기흡수선량률을 공간선량률이라고 부른다. 따라서 공간선량률의 단위는 Gy/h(그레이/시)인데, 공간선량률로 측정하는 것은 γ선이며 〈표 2〉에 정리했듯이 γ선의 방사선하중계수는 1이므로, 〈3.12〉식으로부터 Sv/h(시버트/시)와 같다. 측정기에 따라 방사선의 검출 효율이 다르기 때문에 측정기를 교정할 필요가 있다.

(3) 전리상자식과 반도체식

전리상자식은 상자 속 가득 찬 공기에 방사선이 노출되어 공기 중의 분자를 이온화시키는데 그 흐름을 전류로 검출한다.

반도체식은 방사선이 반도체를 통과하면 정전하를 입은 '홀hole'과 부전하를 띤 전자가 생성되는데 이 전하의 흐름을 전류로 검출한다. 반도체식은 측정기를 작게 만들 수는 있지만 감도가 높지 않다.

4. 환경 중의 방사성물질 이동과 인체 피폭

환경으로 방출된 방사성물질은 여러 경로를 통해 확산되어 삼림 등 식물, 논·밭 등 지표면에 침착한다. 그 후 비가 오면 토양으로 침투하여 지하수, 하천수가 되어 바다로 흘러 들어간다. 그 과정에서 인체는 방사선을 쬐게 된다. 방사성물질이 환경 중으로 다양하게 이동하는 과정에서 피폭되는 경로를 〈그림 3〉으로 나타냈다. 방사성물질이 이동하는 데는 대기와 물의 움직임이 밀접하게 관계된다.

방사성물질이 환경에 미치는 영향을 고찰하기 위해서는 방사성물질의 이동 경로를 아는 것이 중요하다. 방사성물질의 환경 동태를 결정하는 것은 반감기와 방사에너지 등 물리적 성질이 아니라 휘발성(증기성), 용해도, 착형성능錯形成能 같은 화학적 성질이다.

그림 3. 방사성물질의 이동경로와 인체 피폭 경로

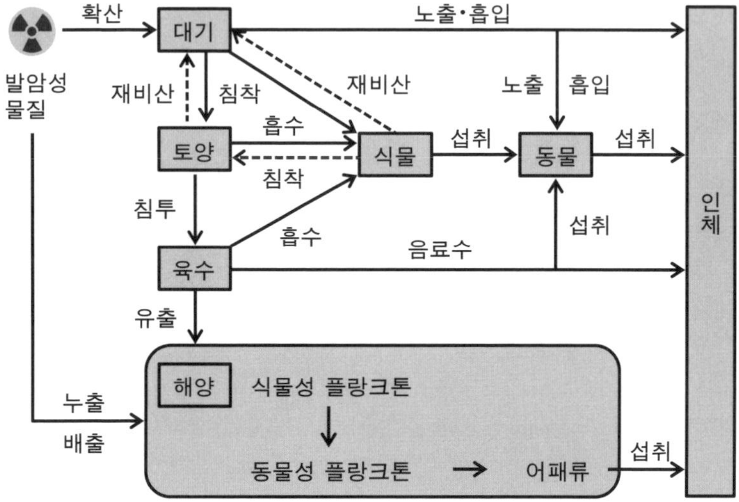

다시 말하면 방사성물질도 다른 환경오염물질과 같은 움직임을 보인다. 방사선 피폭으로는 외부 피폭과 내부 피폭이 있다. 외부 피폭이란 방사성물질이 체외에 있어서 신체 외부로부터 방사선을 피폭하는 것을 가리키며, 내부 피폭이란 체내에 들어온 방사성물질로부터 피폭하는 것을 말한다. 전자의 경우 방사성물질로부터 거리를 재거나, 차폐하거나 피폭 시간을 줄임으로써 피폭선량을 줄일 수 있다. 한편 후자는 방사성물질이 체내에 있기 때문에 거리를 재거나 차폐하거나, 피폭 시간을 감소시킬 수 없기 때문에 가능한 섭취하지 않는 것이 중요하다.

1) 육상생태계 : 대기-식물

대기 중에 방출된 방사성물질은 확산과 수송을 통해 멀리까지 운반된다. 방사성물질이 대기 중에 고농도로 존재하는 상태를 방사성 플룸plume(방사성 구름)이라고 부른다. 방사성 구름이 통과할 때 방사성물질로부터 방출된 방사선에 피폭하는 것이 외부 피폭인데, 주요 방사선은 γ선이다. 또 대기로부터의 피폭 경로는 호흡을 동반하는 호흡 섭취가 있다. 이것은 체내에 방사성물질을 흡수하는 내부 피폭이다.

대기 중의 방사성물질은 이윽고 지표면에 침착한다. 일반적으로 강수 현상에 따른 침착 과정을 습성침착, 강수 현상과 상관없는 침착 과정을 건성침착이라고 하는데, 지상으로 방사성물질이 침착하는 과정에서 습성침착이 크게 기여한다. 지표면에 침착한 방사성물질 일부가 바람에 의해 다시 비산하여 이동한다(그림 3).

육상 생태계에서는 삼림이 중요한 비율을 차지하는데 〈그림 4〉는 삼림에서 방사성물질의 움직임을 나타낸 것이다. 삼림에서는 수관樹冠에 의해 방사성물질이 포착되기 때문에 초지草地와 비교하여 건성침착량이 많아진다. 체르노빌 원전 사고 후 방사성세슘의 침착량을 조사한 결과에 따르면 삼림에서는 초지에 비해 30% 정도 침착량이 많다(그림 5). 수관에 포착된 방사성물질은 강우나 바람에 실려서 혹은 낙엽과 함께 삼림 지면에 떨어진다. 강우나 바람으로 삼림수관에 부착 물질이 떨어지는 과정을 웨더링weathering이라고 한다. 삼림 지면에 떨어진 방사성물질은 강우를 통해 침엽층, 유기층, 광물층을 통과해서 삼림 밖으로 유출되어 가는 과정에서 변괴가 진행되기 때문에, 방사성물질로 오염된 삼림을 걸으면 외부 피폭을 하게 된다.

그림 4. 삼림에서 방사성물질의 침착과 동태

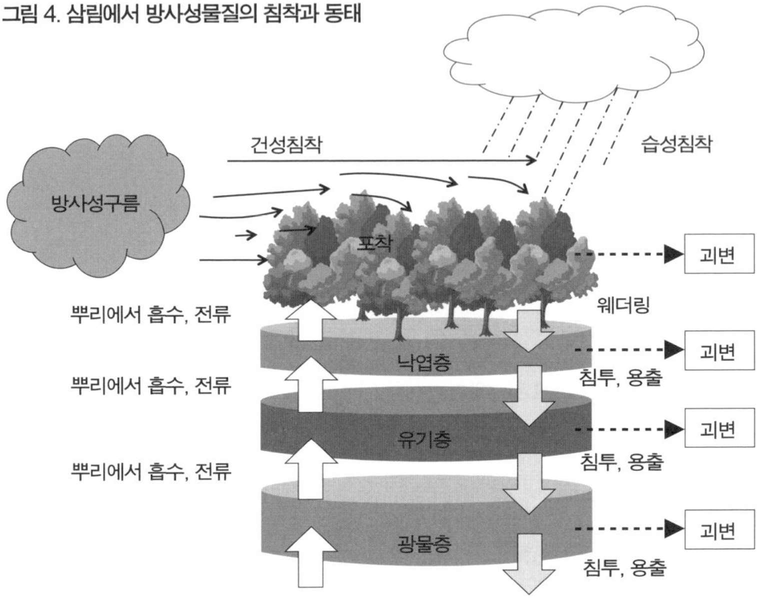

그림 5. 독일가문비나무숲의 방사성세슘 침착량 변화

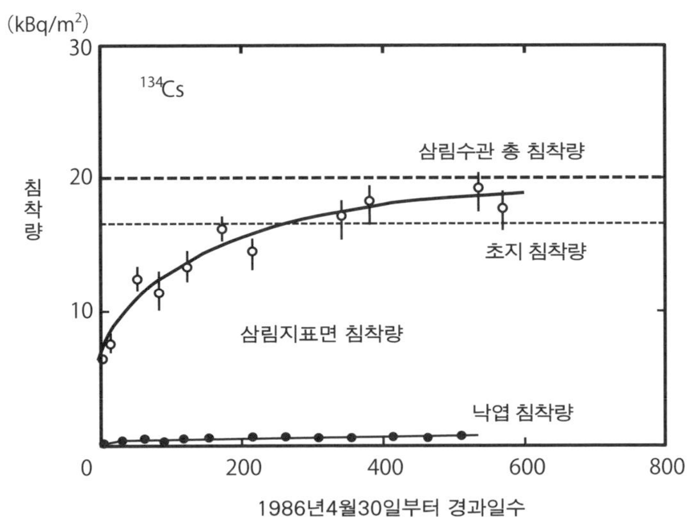

2) 육상생태계 : 토양-식물-동물

앞에서 설명했듯이 대기 중에서 삼림이나 농지로 침착한 방사성물질 일부는 강수와 함께 땅속으로 침투한다. 수용성이 높은 방사성물질은 강수와 함께 토양심층부로 침투한다. 토양광물이나 후민물질humin substance(식물의 잎 등이 미생물 분해로 생성하는 천연고분자량 유기물)과 친화성이 높은 방사성물질은 이것들과 흡·탈착을 반복하면서 토양 심부에 침투하기 때문에 수용성이 높은 방사성물질과 비교하면 침투 속도는 더디다.

방사성물질에 오염된 토양에서 인체가 피폭되는 경로로는 오염토양의 γ선에 의한 외부 피폭이 있다. 토양이 방사성물질에 오염되면 지하수도 오염되기 때문에, 오염된 지하수를 음용수로 섭취함으로써 내부 피폭이 일어난다. 또 방사성물질로 오염된 물을 농작물의 관개수나 가축의 사육수로 이용하여 이 음식물을 섭취함으로써 음식물 연쇄로 인해 내부 피폭이 일어난다. 체르노빌 원전 사고 시 방사성물질에 오염된 목초를 먹은 가축의 우유를 먹은 유아에게 방사성 요오드에 의한 갑상선암이 급증하였다.

3) 수중계

하천 또는 해양으로 방출된 방사성물질은 물의 이동에 따라 확산된다. 하천의 유속은 해양에 비해 빨라 방사성물질이 수송 과정에서 충분히 확산되는데, 일부는 강바닥에 퇴적되고 일부는 어류 같은 수서생물에 흡수되면서 최종적으로 해양으로 흘러 들어간다. 방사성물질에 오염된 하천, 호수 등 담수에서 인체로 이동하는 경로는, 직접적인 것으로 수돗물(음용수) 이용에 따른 내부 피폭과 간접적인 것으로 수산물, 농작물, 가축물 섭취에 의한 내부 피폭이 있다.

해양의 경우에는 물이 흘러가는 방향과 유속이 복잡해서, 방사성물질은 해류와 해수온도차 등에 따른 상하혼합, 현탁물질에 흡착에 따른 침강, 고온해저역의 상승류 등의 영향을 받는다. 해중 혹은 해저의 방사성물질은 어류, 패류, 조류 또는 플랑크톤에 달라붙는다. 이런 해산물을 섭취하면 체내에 방사성물질이 흡수되어 내부 피폭이 일어난다. 또 해수 중 방사성물질이 해변이나 강기슭에 침착하여 방사선원放射線源이 되기도 한다.

5. 후쿠시마 제1원전에서 방출된 방사성물질의 행방

1) 후쿠시마 제1원전에서 일어난 일

2011년 3월 11일 14시 46분에 미야기 현 앞바다에서 발생한 동일본대지진 직후, 가동 중인 1-3호기의 원자로가 떨림을 감지하고 자동으로 정지했다. 4-6호기는 정기검사로 원자로가 멈춰 있었다. 1-3호기는 자동정지 후 비상용 노심냉각장치(ECCS: Emergency Core Cooling System)가 가동되어 냉각되기 시작했지만, 지진으로 철탑이 무너져 외부전원을 상실했다. 지진이 발생한 지 약 50분 후 10미터가 넘는 거대한 쓰나미가 후쿠시마 제1원전을 습격하여 1-4호기의 비상용 디젤발전기와 비상용 배터리가 설치된 터빈건물 지하가 침수되어 비상용전원도 상실, 15시 37분에 전전원상실全電源喪失 상태에 빠졌다. 그 결과 ECCS가 정지, 1-3호기의 노심냉각이 불가능하게 되었다. 전전원상실이 일련의 후쿠시마 원전 사고를 일으켰다. NHK의 시뮬레이션 결과에 따르면 전전원상실 4시간 반 후에는 1호기 연료봉이 완전 노출되어 직화 상태가 되어 심야에는 노심용융(멜트다운)이 발생했다. 다음날 3월 12일 15시 36분에 1호기에서, 이어 3월 14일 11시 1분에는 3호기에서 수소폭발이 일어나 원자로 건물 옥상이 날아갔다. 3월 15일에는 2호기의 압력제어실 부근에서 폭발이 일어나 후쿠시마 원전 사고 중에서도 가장 많은 방사성물질이 대기 중으로 방출되었다. 그 후 정기점검 중인 4호기에서도 폭발이 일어나 화재가 발생했다.

2) 대기 중의 동태

후쿠시마 제1원전 사고로 방출량이 추계된 방사성핵종 포함 원소를 〈표 6〉으로 나타냈다. 희稀가스인 크세논(후쿠시마 제1원전에서 방출된 핵종 : 크세논 133)은 물 용해도가 낮아서, 비나 눈에 녹아 지상에 침착하지 않는다. 흡입으로 인체에 들어오는 경우에도 공기와 함께 들어오고 나가는 것만으로는 체내에 잔류하지 않는다.

희가스 이외 휘발성 원소는 대기의 수송 과정에서 입자상물질(에어로졸)에 침착하고, 불휘발성원소는 입자상물질로 대기 중으로 방출되어, 비나 눈이 내릴 때 대기 중에서 씻기거나(습성침착), 삼림에 포착되어 대기로부터 제거된다(건성침착).

후쿠시마 제1원전에서 방출된 요오드의 방사능핵종은 요오드 131(반감기: 8.0일, 방출량: 1.6×10^{17}Bq), 132(반감기: 2.3시간, 방출량:

표 6. 후쿠시마 제1원전 사고로 대기 중에 방출된 방사성핵종을 포함하는 원소

불활성가스	희가스	Xe
휘발성	할로겐	I
	알칼리 금속	Cs
	텔루륨족	Te, Sb
불휘발성	알칼리 토류금속	Ba, Sr
	귀금속	Ru, Mo
	희금속	Y ,Pr, Nd, Np, Pu
	내열성산화물	Zr

1.3×10^{13}Bq), 133(반감기: 20.8시간, 방출량: 4.2×10^{16}Bq), 135(반감기: 6.6시간, 방출량 : 2.3×10^{15}Bq)이다. 이 가운데 요오드 132, 133, 135는 반감기가 수시간에서 수십 시간으로 짧기 때문에 환경을 생각할 때 중요한 방사성핵종은 요오드 131이다. 요오드는 어떤 화학상태에서 대기 중으로 방출되는지에 따라 대기 중에서 활동이 달라진다. 요오드화메틸처럼 유기화합물에서는 휘발성이 높아 가스형태로 방출되지만, 대기 중 수송 과정에서는 에어로졸에 흡착하여 존재한다. 요오드분자는 증기압이 높기 때문에 가스로 방출되어 대기 중 수송 과정에서 일부는 가스로, 일부는 에어로졸에 흡착하여 존재한다. 요오드화물이온의 경우는 에어로졸 중에 소금으로 존재한다.

세슘은 요오드와 마찬가지로 취발성이 높은 원소로 후쿠시마 제1원전에서 세슘 134(반감기: 2.1년, 방출량: 1.8×10^{16}Bq), 137(반감기: 30년, 방출량: 1.6×10^{16}Bq)이 방출되었다. 대기 중에서는 에어로졸로 존재하고 수용성이 높아서 강우로 세정된다.

그림 6. 2011년 11월 5일 시점 세슘 134, 137의 침착량 합계

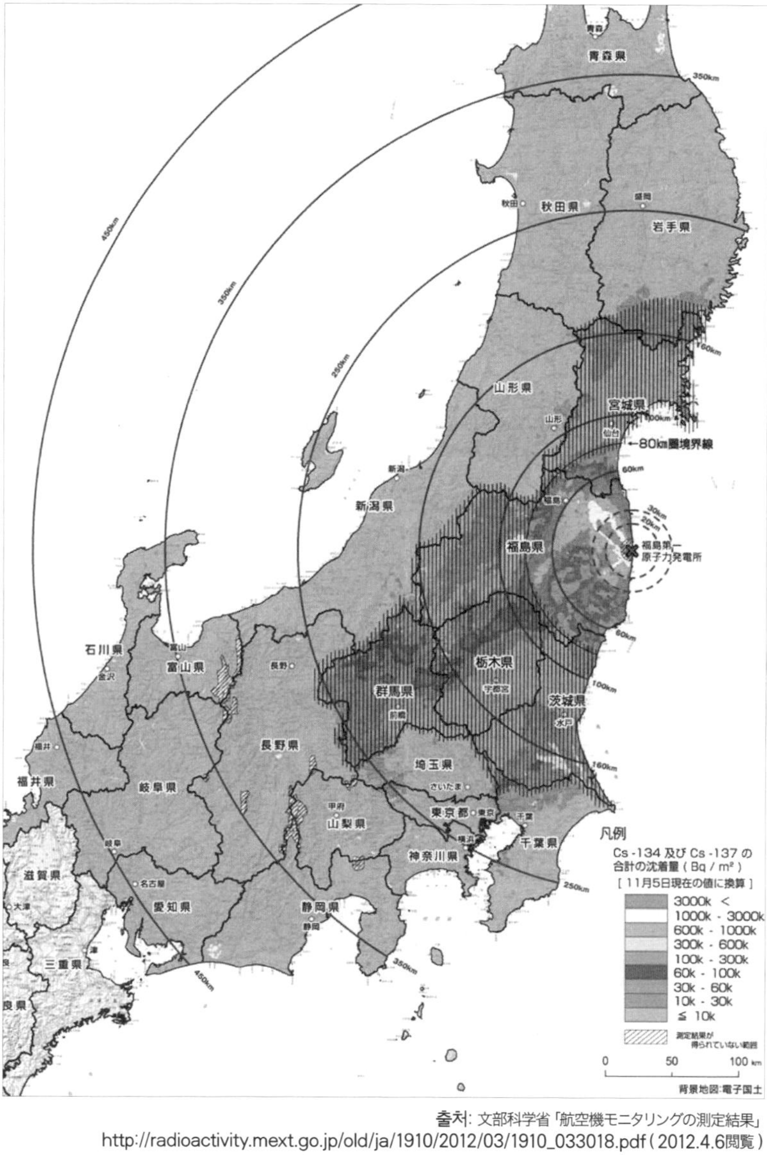

출처: 文部科学省「航空機モニタリングの測定結果」
http://radioactivity.mext.go.jp/old/ja/1910/2012/03/1910_033018.pdf (2012.4.6閲覧)

그림 7. 2011년 3월 10일-4월 10일 신주쿠의 공간선량률 변화(βSv/h)

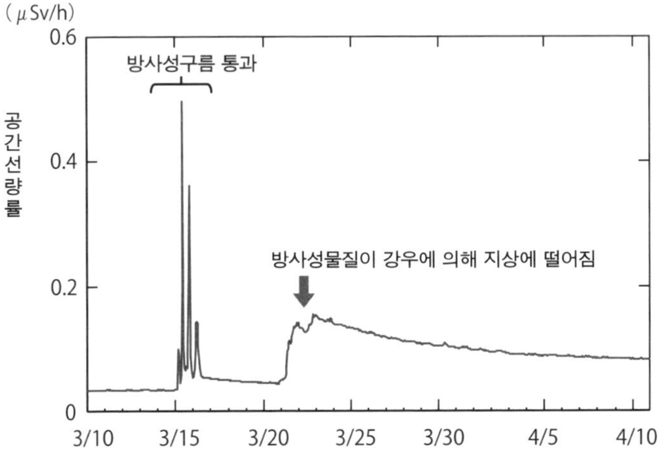

출처: 도쿄간강안전연구센터의 데이터로 작성

〈그림 6〉에 후쿠시마 제1원전에서 방출된 세슘 134와 137의 도호쿠 지방에서 도카이東海·고신에쓰甲信越 지역[4]까지 침착량 분포를 나타낸 것이다. 후쿠시마 제1원전에서 방출된 방사성세슘은 광범위한 지역으로 확산되었는데 일부는 나가노 현의 산악 지역에서 높은 침착량을 보이고, 250킬로미터권까지 침착량이 60kBq/㎡가 넘는 지역도 보인다. 간토 지방에서는 지바 현, 이바라키 현에서 비교적 높은 침착량을 보이는 지역이 있어 간토 지방에도 방사능구름이 유입된 것을 알 수 있다.

〈그림 7〉은 도쿄 신주쿠新宿의 공간선량률을 나타낸 것인데, 신

4 옮긴이—고신에쓰 지역은, 야마나시 현山梨県, 나가노 현長野県, 니가타 현新潟県을 총칭하는 말인데, 율령제 국명이었던 가이甲斐, 시나노信濃, 에치고越後의 머리글자를 딴 명칭이다.

주쿠로 3월 15일부터 16일, 3월 21일부터 23일 2회 정도 커다란 방사능 구름이 이동해 온 것을 알 수 있다. 전자 때는 비가 오지 않아서 방사능 구름은 상공을 통과하여 이동 전 수준으로 돌아왔다. 한편 3월 21일부터 수송 시에는 간토 지방에 비가 와서 후쿠시마 제1원전에서 수송되어 온 방사성물질이 비에 씻겼다. 후쿠시마 제1원전 사고에서 10개월이 지난 2012년 1월 공간선량률은 0.052βSv/h 정도로, 사고 전 공간선량률(0.034βSv/h)까지 떨어지지 않았다.

3) 농지는 어떻게 제염할까

〈그림 8〉은 이타테무라飯舘村 이타미자와伊丹沢의 논갈이를 하지 않은 수전토양의 방사성세슘(세슘134+세슘137)의 연직鉛直 분포인데, 방사성세슘이 표층 2.5센티미터에 95% 이상 분포하고 있음을 알 수 있다. 농지토양에 침착한 방사성세슘의 약 70%는 점토 광물과 강하게 결합하여 물로는 쉽게 추출되지 않는다. 따라서 경작을 위해서 표층토양 중의 방사성물질을 제거하면 된다.

그림 8. 논갈이 하지 않은 수전토양의 방사성세슘의 연직분포

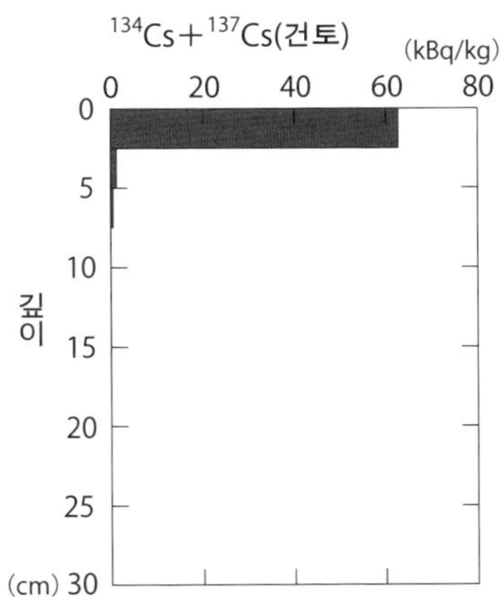

출처: 농림수산성, 〈농지토양의 방사성물질 제거기술(제엄기술)〉에 대하여

농지토양에서 방사성물질을 제거하는 방법(제염법)으로는 〈표 7〉에서 알 수 있듯이 표토를 제거하는 방법, 표토를 하

표 7. 농지토양 제염법

처리법	상세 내용	장점	단점
표토 제거	방사성물질 농도가 높은 표토를 제거함	즉각 효과	토사 처분 검토
표토 갈기	표토와 하부토양을 바꿈	즉각 효과	방사성물질이 흙에 남음
토양 세정	토양에 물을 섞어 방사성물질을 물에 용해시킴	대부분 방사성물질 제거	물 처리 비용이 듬
흡수식물	식물에 방사성물질을 흡수시켜 베어 냄	광범위하게 적용 가능, 감용減容 가능	시간이 걸림

층토와 바꾸는 방법, 표토를 세정하는 방법, 특정 방사성물질을 흡수하는 식물을 심어 흡수시킨 뒤 베어 버리는 방법이 있다. 각각 장단점이 있기 때문에 효과 검증이 필요하다. 식물을 이용하는 방법은 일반적으로 식물정화법phytoremediation이라고 한다. 당초 토양 중 방사성세슘 흡수에 해바라기가 효과적이라고 기대되었는데 거의 효과가 없는 것으로 농수산성이 발표했다. 다른 식물로는 비름의 효과가 보고되었다(Dushenkov, et al., 1999).

4) 삼림은 어떻게 제염할까

〈그림 9〉는 후쿠시마 현 내 삼림에서 방사성세슘의 공간분포를 조사한 것이다. 상록침엽수인 삼나무를 보면, 생엽(살아 있는 잎)의 세슘 137 농도는 윗부분으로 갈수록 높아졌지만, 고엽(마른 잎)은 아랫부분이 높았다. 낙엽도 고엽의 아래부분과 마찬가지였다. 삼나무는 상록수여서 세슘 137이 삼림수관에 침착한 후 수관 상부에 유지되는 비율이 높았다. 이 결과는 〈그림 5〉의 독일가문비나무숲

그림 9. 삼림에서 방사성세슘의 공간 분포

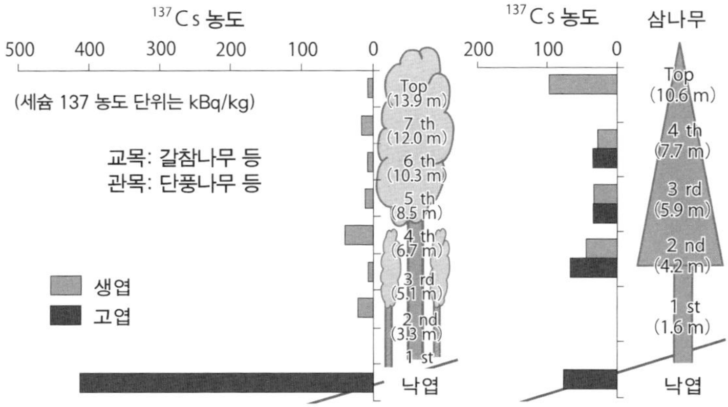

출처: 문부과학성, 문부과학성의 방사성물질 분포 상황 등에 관한 조사 연구 (삼림 내 방사성물질 이행조사)결과 대하여〉(2011년 9월 14일)

의 결과와 마찬가지다. 생엽과 고엽의 차이는 세슘 137이 흡수되어 내부로 들어가는지 여부이다. 생엽과 고엽의 세슘 137 농도는 같은 수준이므로 뿌리와 잎의 ^{137}Cs 흡수는 이뤄지지 않고 잎 표면에 부착된 상태임을 알 수 있다.

한편 낙엽활엽수는 생엽의 세슘 137 농도가 삼나무보다 낮고, 공간분포는 그다지 명료하지 않은데 낙엽은 극히 농도가 높았다. 이것은 삼림수관에 침착한 세슘 137이 낙엽으로 삼림 지면에 떨어졌음을 의미한다.

삼나무의 경우 방사성세슘은 수관에 침착하여 존재하는 비율이 높아서 꽃가루에 방사성세슘이 이행하여 초봄에 날릴 것이 우려된다. 꽃가루는 가을에 수꽃 속에서 성장하여 간토 지방에서는 2월 중순경부터 날리기 시작한다. 후쿠시마 현 내 삼림에서 수꽃 중의 방사성세슘 농도를 조사한 결과에 따르면 삼나무 수꽃에 포

표 8. 주거에 인접한 삼림의 제염법

제염부위	제염 방법	주의사항
낙엽 등을 제거	삼림 주변 20미터 정도 범위 제거	표토를 유출시키지 않도록 서서히 제염 상록수 : 제염을 수년간 계속 낙엽수 : 1회 제염으로 높은 효과
가지와 잎을 제거	주거에 접한, 가지와 잎이 많은 수목은 높은 곳까지 제거	수관 길이의 반을 기준 : 입목 성장에 주의 낙엽 등 제거로 충분한 효과가 없는 경우

함된 방사성세슘(세슘134+세슘137)의 농도는, 농도가 가장 높은 삼나무 숲에서 1kg(건조중량)당 약 25만 베크렐이었다(농림수산성 임야청). 또 수꽃, 꽃가루, 신엽 중의 방사성세슘 농도는 거의 같은 수준이었고 구엽은 수꽃에서 높았는데 수 배에서 20배 정도 높다는 결과가 나왔다. 즉 꽃가루 속 방사성세슘 농도는 수꽃 중 방사성세슘 농도를 반영한다.

이상에서 삼림제염 시 낙엽활엽수의 경우는 낙엽을 제거할 것, 삼나무는 수관에 붙어 있는 생엽과 고엽을 제거하는 것이 유효하다. 또 삼나무도 필요에 따라 낙엽 제거와 함께 꽃가루에 의한 광역 확산을 방지하기 위해서는 꽃가루의 수꽃 제거도 필요하다. 〈표 8〉은 주거에 근접한 삼림의 제염 방법을 정리한 것인데(임야청), 수종의 차이나 삼림 형태에 따라 상황이 다르기 때문에 삼림 별로 방사성물질의 상황을 조사할 필요가 있다. 삼림은 매우 넓어서 어디까지 어떤 방법으로 제염할지 명확한 대책이 수립되어 있지 않다.

6. 현상을 냉정하게 받아들이자

국제방사선방호위원회(ICRP)는 저선량이어도 암과 유전적 영향의 가능성이 있다고 전제하고, 어느 정도면 위험을 허용할 수 있을지 기준을 정했다. 일본은 ICPR의 권고에 따라 통상 일반인의 피폭량 상한을 1년간 1mSv로 정했다. 이 수치는 10만 명당 5.7명에게 치사암이 발병할 위험이며, 평균 여명(어느 연령의 사람이 몇 년간 살 수 있는지 기대치)을 0.26일 앞당기는 방사선량에 해당한다(오카岡, 2011).

그러나 국민 대부분이 후쿠시마 제1원전 사고 후 정부와 도쿄전력의 대응에 불안해하고 있으며, 방사선의 영향을 걱정할 필요가 없다고 발언하는 전문가에게 회의적이다. 과학적으로 안전하더라도 꼭 국민이 안심하는 것은 아니다.

국민이 안전·안심하기 위해서 인공 방사성물질을 가능한 한 포함하지 않은 음식물을 찾는 것은 당연하다. 중요한 것은 후쿠시마 제1원전에서 방출된 방사성물질을 아주 없앨 수는 없다는 현실을 받아들이고, 인체에 악영향을 주는 다른 환경요인의 위험과 비교하여 방사성물질에 냉정하게 대처하는 것이 아닐까.

참고문헌

岡敏弘,〈放射線リスクへの対処を間違えないために(英語版)〉, 2011年(http:// gcoe.eis.yun.ac.jp/wp/wp-content/uploada/2009/10/okk2.pdf).

鶴田隆雄,《放射線入門》, 第2版, 通商産業研究所, 2008年, p.159.

東京都安全研究センター,〈大気中の放射線量測定結果/一時間単位(新宿)〉(http://monitoring.tokyo-eiken.go.jp/mp_shinjuku_air_week_list.html).

東日本大震災復興対策本部事務局,〈全国の避難者等の数〉, 2011年 12月 7日(www.reconstruction.go.jp/topics/20111207hinansya.pdf).

文部科学省,〈放射線モニタリング情報〉(hppt://radioactivity.mext.go.jp/ja/).

薬袋佳孝・谷田貝文夫,《今知りたい放射線と放射能—人体への影響と環境でのふるまい》, オーム社, 2011年, p.259.

林野庁,〈スギ雄花に含まれる放射性セシウムの濃度の調査結果について(中間報告)〉(hppt:// www.rinya.maff.go.jp/j/press/hozen/111227.html).

〈原発のしくみと放射能〉,《Newton》, 別冊, 2011年, p.159.

Bunzl, K., W. Schimmack, "Intercenption and retention of Chernobyl-derived ^{134}Cs, ^{137}Cs AND ^{106}Ru in a spruce stand", *The Science of the Total Environment*, 78, 1989, pp.77-87.

Dushenkov, S., S., Mikheev, A. Prokhnevsky, M. Ruchko, B. Sorochinsky, "Phytoremediation of radiocesium-contained soil in the vicinity of Chernobyl, Ukraine", *Environ, Sci. Technol.*, 33, 1999, pp.469-475.

〈지진재해 이후를 생각하다〉 시리즈 간행에 부치는 와세다대학 출판부의 발간사

2011년 3월 11일 발생한 동일본대지진은 거대 지진과 쓰나미에 원전사고가 복합적으로 작용하여 인간의 상상을 초월하는 피해를 초래하였으며 그 충격은 전 세계를 경악시켰습니다. 이번 재해는 사람들의 사고방식과 행동 그리고 전제가 되는 제도에 대해 되묻는 계기가 되었고, 개인·조직·사회의 모든 면에 걸친 새로운 연구와 지식창조를 요구하는 사건이기도 하였습니다.

이러한 상황 아래, 일본을 대표하는 지적 공동체인 와세다대학에서는 지체 없이 부흥지원을 위한 여러 가지 행동을 취하였고, 동일본대지진 부흥연구 거점을 설립하였습니다. 또한 자원봉사자 파견을 비롯하여 재해 관련 연구와 이를 지원하기 위한 프로젝트를 활발히 전개해 나갔습니다.

와세다대학 출판부는 지식의 창조·보급·보존이라는 대학의 사명을 실현하기 위해 힘을 보태고자, 새로운 시리즈로서 와세다대학 Booklet 〈지진재해 이후를 생각하다〉의 간행에 착수하였습니다. 이 기획은 대진재의 참극을 딛고 일어서야 할 이재민들의 생활과 그들을 지원하는 활동, 그리고 이를 지지하는 연구 속에서 새로운 지식의 탄생을 모색하여, 그것을 관찰→분석→설명→행동…의 모든 단계에서 가능한 한 실시간으로 널리 사회에 제공하고자 하는 것입니다.

지식창조에는 완성이라는 것이 없고 늘 다음 단계의 과제를 향하게 마련입니다. 그런 까닭에 이 시리즈는 잡지의 기동성과 서적의 체계성을 겸비한 경쾌한 소책자 형태를 선택하였습니다. 또, 전문가와 실무자·시민·학생 등 각 계층이 읽기 쉽도록 편집하였고, 아울러 와세다대학이 포함하는 광대한 분야에 걸맞게 여러 가지 영역의 연구·지원 활동의 성과가 수록되었습니다. 후일 재해 극복과 부흥의 이야기들이 기쁨으로 회자될 때, 우리는 이러한 업적이 축적되어 크나큰 지식으로 가득 찬 백과사전으로서 많은 사람들에게 읽히기를 기대합니다.

부디 이 프로젝트에 독자로서, 그리고 저자로서, 참가해 주시기를 부탁드립니다.

2011년 11월
와세다대학 출판부

■ 가무라 가즈오香村一夫

와세다대학 창조이공학부 환경자원공학과 교수, 이학박사

■ 나고야 도시오名古屋俊士

와세다대학 창조이공학부 환경자원공학과 교수, 공학박사

■ 오코치 히로시大河内博

와세다대학 창조이공학부 환경자원공학과 교수, 공학박사

■ 김선희

전 고려대학교 일본연구센터 HK연구교수
일본 시마네현립대학 북동아시아연구센터 객원연구원
일본 문화, 사상사 전공
《국학과 일본주의 일본보수주의의 원류》(공저), 《핵확산 문제와 아시아》(역서), 《에도유교와 근대의 지》(역서), 《시마네 현 다케시마의 신연구》(역서), 《일본 '국체' 내셔널리즘의 원형 모토오리 노리나가의 국학》(공역)

동일본대지진과 핵재난—와세다 리포트 10

동일본대지진과 환경오염

초판발행 1쇄	2013년 3월 11일
지은이	가무라 가즈오 나고야 도시오 오코치 히로시
옮긴이	김선희
펴낸곳	**고려대학교출판부** www.kupress.com kupress@korea.ac.kr 136-701 서울특별시 성북구 안암로 145 02-3290-4230, 4232 Fax 923-6311
찍은곳	내일기획

ISBN 978-89-7641-810-4 04330
ISBN 978-89-7641-800-5 (세트)

값 8,000원

* 잘못 만들어진 책은 바꿔드립니다.